LETTRE

A MONSIEUR JACQUES LAFFITTE.

IMPRIMERIE DE P. BAUDOUIN RUE MIGNON, 2.

DE

L'AGONIE

DU

PARTI RÉVOLUTIONNAIRE EN FRANCE.

Lettre à Monsieur Jacques Laffitte,

PAR AUGUSTIN CHAHO,

Auteur des *Paroles d'un Voyant.* — De la *Philosophie des Révélations.* — Du *Voyage en Navarre pendant l'Insurrection des Basques.* — De la *Propagande russe à Paris*; et de divers Essais de haute Philologie et de Cosmogonie philosophique.

Extrait de la REVUE DES VOYANS.

A PARIS,

CHEZ LES PRINCIPAUX LIBRAIRES ;

A TOULOUSE,
Chez JEAN-BAPTISTE PAYA, rue Croix-Baragnon.

—

1838.

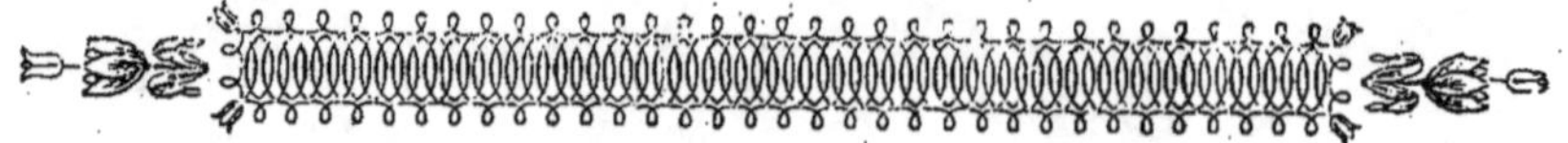

DE L'AGONIE

DU

PARTI RÉVOLUTIONNAIRE

EN FRANCE

—)o○ᘓ—

Lettre à Monsieur Jacques Laffitte.

Monsieur,

Permettez-moi d'user de mon droit d'écrivain et de Français, ami de son pays, pour vous adresser cette lettre publique. Je me propose d'élucider dans cet écrit des questions encore inabordées. Le soin que je prends de les éclaircir, prouvera le zèle qui m'inspire. Malheureusement je n'ai plus aujourd'hui les mains libres, étant au nombre des écrivains que les lois de septembre ont enchaînés. Toutefois, le lecteur intelligent me comprendra sans peine, et vous, Monsieur, mieux qu'aucun. C'est en vous que l'insurrection de juillet 1830 est personnifiée. La part décisive que vous avez eue à ce grand événement vous met sur la tête une responsabilité qui peut un jour devenir pesante entre les mains de l'histoire.

Le temps des illusions est aujourd'hui passé; les prestiges qu'une habileté peu commune avait accumulés avec tant d'art se sont évanouis, de terribles clartés frappent nos yeux. Le fait immense, qui s'est accompli, recélait mille germes en un seul. Nous les voyons se développer librement. Une attraction irrésistible entraîne dans le tourbillon du pouvoir jusqu'à

1

ces orateurs applaudis, dont le babil et la stratégie parlementaire avaient fait concevoir à la patrie des espérances vaines et toujours déçues. Enfin, pour compléter ce sombre tableau, la plupart des journalistes de l'Opposition sont tombés dans le plus fâcheux discrédit. Je n'en dirai pas davantage sur leur compte; le mauvais vouloir que certains d'entr'eux m'ont témoigné, me rend généreux à leur égard. Il faut savoir faire taire les griefs personnels devant les grands intérêts de la cause nationale ; je veux parcourir avec calme et fermeté la route que je me suis tracée. Il ne sera pas dit que je m'arrêterai dans mon chemin, pour écraser du talon quelques misérables insectes.

Il ne faut point se le dissimuler, MONSIEUR, la victoire de la Cour a été aussi complète que possible. On aurait peine à trouver, dans toute la suite de l'histoire, une famille royale qui se soit affermie sur le trône en si peu de temps et avec une plus merveilleuse facilité. L'habileté du monarque ne doit point s'attribuer tous les honneurs de ce miracle; l'incurable bêtise des meneurs de l'Opposition et du Mouvement n'y a pas peu contribué; d'heureux hasards y ont eu part, ainsi qu'une foule de circonstances, dérivant de la situation réelle de la France, et dont il devient indispensable de scruter, pour la première fois, l'action occulte et mystérieuse.

Il est, parmi nos propagandistes, tel homme assez simple d'esprit pour se persuader qu'il suffit d'un certain nombre de démagogues bêtes et criards, de quelques meneurs subalternes convenablement fanatisés et de la masse populaire, pour faire une révolution. Or, avec de tels élémens, on ne produit que des émeutes; on n'arrive qu'à des convulsions anarchiques, à de pénibles déchiremens, à une effusion de sang inutile, et jamais à rien qui puisse offrir l'image d'un gouvernement passablement organisé. Sur ce point, il ne sera pas sans profit pour nous d'interroger les enseignemens suprêmes de l'histoire.

Des perturbations générales qui ont fait originairement le malheur de l'humanité, ont été la suite des invasions guerrières parties du Nord. Des révolutions, également générales, embrassées avec acclamations par des peuples plongés dans la servitude et la nuit, sont venues d'âge en âge ramener le genre humain à son harmonie primitive, à sa lumière civilisatrice, à son antique liberté. Ces réactions bienfaisantes ont eu pour principe intelligent une science vaste et sublime ; des millions d'hommes se sont levés pour les accomplir ; des hommes vraiment supérieurs par le glaive et par la parole en avaient donné le signal; leurs noms divinisés seront à jamais resplendissans ; la voix des siècles les proclame : Zoroastre, Jésus-Christ, Mahomet.

Les fastes de chaque nation barbare, en particulier, présentent en outre des renversemens de trônes et des révolutions dynastiques ; ces changemens partiels exigent eux-mêmes , pour être tentés avec succès , un concours imposant d'intérêts, sinon d'opinions, de richesses et de noms illustrés. Il leur faut, avant tout, quelques défections de palais, qui se rangent du côté de la plèbe, avec un personnel plus ou moins brillant , mais toujours nombreux , pris dans les régions élevées de la société. Tous les bouleversemens politiques dont il est fait mention dans les annales des divers peuples ont toujours réuni ces conditions indispensables pour la réussite. Sans aller chercher trop loin des exemples, la révolution de Juillet est le plus proche et le plus frappant que l'on puisse invoquer.

De bonne foi , MONSIEUR , l'insurrection de 1830 aurait-elle pu avoir lieu, sans l'appui de toute la bourgeoisie, de la finance et du haut commerce ? Le combat se serait-il engagé, se serait-il soutenu jusqu'à la victoire définitive du peuple , si des illustrations militaires, des généraux , des maréchaux de l'Empire, si des citoyens qu'on nous avait appris à vénérer, si Lafayette, si Laffitte lui-même n'étaient venus entraîner aux barricades une jeunesse instruite, héroïque, mêlée aux combattans des faubourgs ? si le duc d'Orléans et des princes du sang royal ne fussent venus chevaucher parmi cette foule innombrable, trinquant avec les chiffonniers, haranguant les chers camarades, distribuant des sourires affectueux et pas chiches de poignées de main ? N'oublions pas le coffre-fort du Palais-Royal, dont les écus frappés à l'effigie des vieux Bourbons servirent à payer , je ne puis dire le sang du peuple, mais la poudre brûlée dans la bataille des trois jours. Les faits sur lesquels je m'appuie sont connus de tous, et je les passe au creuset du bon sens et de l'histoire.

Rendons témoignage à la vérité : Si le 27 juillet 1830, l'insurrection avait fait gronder dans les carrefours la menace d'une république improvisée, ou plutôt si la comédie des quinze années de la Restauration n'avait eu d'autre but que le triomphe du principe révolutionnaire , l'acte final aurait compté beaucoup moins d'acteurs ; il aurait eu des chefs d'emploi moins illustres, des rôles moins profonds et moins brillans. Je doute qu'elle fût parvenue de sitôt à son dénouement; les Bourbons de la branche aînée seraient probablement encore aux Tuileries. Le Valois, émule de Louis XIV, le Napoléon de la paix ne présiderait pas aux pompes de Versailles et de Fontainebleau. Le duc d'Orléans serait encore le modeste amphytrion des dîners civiques du Palais-Royal , au lieu de se faire porter en fauteuil palanquin, au milieu d'une cour reluisante d'or et de pierreries, le long des galeries de peinture du Louvre, à la clarté de mille flambeaux.

Toute cour, MONSIEUR, est un pays de sortiléges ; il faut y être prudent et soupçonneux, comme le voyageur de l'Edda, dans le palais fantastique d'Asgard, ou l'on court grand risque d'y être abusé comme dans la région mystérieuse des songes. Là, tout est vision trompeuse, enchantement. Il y a des glaives cachés et de profonds abîmes sous les tapis où la broderie a retracé les fêtes de l'âge d'or et les jeux innocens des bergers. Là, tout éblouit, tout fascine, et pour se préserver de cette puissante illusion il faut être dans le secret des noirs génies dont l'artifice et la baguette magique font mouvoir à leur gré ces prestiges dangereux.

Nous sommes encore trop près, Monsieur, des événemens, pour ne pas tomber dans des illusions d'optique et pour nous représenter les choses sous l'aspect qu'elles prendront aux yeux de la postérité; mais que dans cinquante ans d'ici, les écrivains familiers des Tuileries s'amusent à faire des mémoires historiques, et je réponds d'avance qu'on y trouvera de curieuses révélations.

Pour moi, je ne puis avoir oublié que, dès l'année 1826, les voyageurs du commerce annonçaient déjà, dans les départemens éloignés de Paris, l'avénement du duc d'Orléans. Un fait plus significatif encore, un témoignage plus irrécusable, parce qu'il résulte d'un document écrit, c'est une lettre adressée par Lafayette, non moins grand citoyen que célèbre marquis, à M. Hone, maire de New-Yorck, un an avant les trois journées, veuillez noter ce point-ci; lettre qui a été décachetée et lue dans un grand dîner diplomatique, auquel assistaient les ambassadeurs de diverses puissances d'outre-Rhin, diplomates dont je sais tous les noms et dont je puis fournir la liste : lettre enfin, Monsieur, dans laquelle cet excellent Lafayette annonçait très positivement la chute de la branche aînée et l'exaltation prochaine de la branche d'Orléans. Je n'assurerais point qu'il fût question encore de proclamer Louis-Philippe, roi de France ou des Français ; mais les fins connaisseurs n'ignorent point que dans l'art d'écrire, dans la peinture, dans la musique, dans les affaires, en politique, en amour, en toute chose, l'important est de savoir ménager les transitions. Président d'une république éphémère, lieutenant-général du royaume, ou roi des Français, qu'importe ? Dans tout événement dont il est impossible d'entraver la marche, je ne sais voir que le terme final de la progression. Nous y toucherons bientôt, peut-être.

Et pour tout dire : Supposons un instant qu'un chef démocrate, brave, désintéressé, clairvoyant, n'eût pas craint, le 31 juillet, d'arborer l'étendard de la République : persuadez-vous bien, Monsieur, que la main invisible, dont on a tant parlé dans ces derniers temps, n'eût pas manqué de le saisir et de l'enchaîner, au milieu de la populace armée, à laquelle il eût été fort facile de faire prendre le change. Et *vive la Charte!* je gagerais ma main droite que des mesures avaient été prises dans cette éventualité.

Les démocrates de Juillet ont laissé faire, parce qu'ils n'étaient prêts à rien ; ils ont aidé à faire, parce que la seule et la folle espérance permise à leur nullité d'hommes révolutionnaires, était de voir sortir de l'enfantement monarchique, par grand hasard ou grand miracle, une république posthume et probablement avorton. Disons tout. Sous le rapport du prestige qui s'attache aux noms historiques ou nationaux, Valois pour Bourbon, duc d'Orléans pour comte d'Artois, duc de Chartres pour duc d'Angoulême ou de Bordeaux, bien des gens trouvent que les cadets ne le cèdent en rien à leurs aînés. Les noms de Nemours, de Joinville, d'Aumale et de Montpensier ont aussi leur auréole qui agit beaucoup plus fortement qu'on ne croit sur l'imagination du bon peuple de France, pour lequel l'ère féodale finit à peine, tandis que les souvenirs et la poésie de nos siècles de barbarie monarchique survivent encore dans sa religion et dans ses mœurs.

Les Républicains que nous avons vus naître après la grande semaine n'étaient pour la plupart que des ambitieux mécontens et ravisés; je parle des chefs, et non de la masse des prolétaires. Les plus marquans d'entr'eux sortaient des antichambres de M. Guizot, c'est tout dire. Leur valeur politique avait été estimée ce que vaut une bonne sous-préfecture. Ce n'était point trop. Était-ce assez? M. Guizot qui se repentit, disait-on, d'avoir marchandé, s'en est peut-être félicité plus tard. D'ailleurs les chefs assez peu dévoués qui se mirent à notre tête étaient en petit nombre; pour Carrel tout seul qui voulut, mais un peu tard, s'appuyer sur les faisceaux populaires, bien d'autres, qui lui étaient égaux ou supérieurs en talent, avaient accepté la bannière de la nouvelle monarchie. La presse radicale, fondée à cette époque, a fait grand bruit du Mouvement, comme si elle en avait été la force motrice ; comme si les agitations de la rue n'avaient point été les dernières ondulations du grand fleuve débordé en 1830; comme si le pouvoir lui-même n'eût joué le rôle du sauvage qui agace l'ours en courant, grimpe lestement sur un arbre et, de ce poste avantageux, frappe au cœur sans trop de péril, avec sa pique, le quadrupède qui grimpait à son tour pour l'atteindre, et qui meurt en broyant des griffes et des dents l'écorce d'un tronc inanimé. Le mouvement réel a été celui qui a fini par écraser sous des montagnes le Titan populaire.

La répression a été tour-à-tour insultante et cruelle. On peut dire qu'elle a pris un diabolique plaisir à choisir des moyens inouis, qui dans d'autres temps et chez d'autres peuples auraient allumé une indignation plus rapide que l'éclair, plus dévorante que la foudre. Les bouffonneries des petits journaux nous ont trop habitués à trouver plaisant tout ce qui nous arrive; les hommes sages, qui ne se font pas volontairement illusion sur la signification véritable des faits sociaux , ont été profondément contristés en réfléchissant à tout ce qu'il y avait d'audace intime et de sécurité provocante dans ces paroles, sorties de la forteresse du pouvoir :—«Prenez les pompes à incendie et lavez-leur la tête. » Plus tard les mêmes voix dirent en ricanant dédaigneusement : « Bâtonnez-nous ces manans-là. » Puis vint le jour de la vengeance et de la colère. La progression était logique : —« Soyez impitoyables ! égorgez tout. »

Que ne puis-je faire partager aux esprits aveuglés la conviction qui me domine ! Non , ce n'est point avec un petit nombre d'ignorans démagogues, de journalistes sans grand talent et sans grande renommée , que le peuple, et la nation avec lui, arriveront à la terre promise de la civilisation et de la liberté. Dans de telles conditions, une lutte brutale contre le pouvoir est le comble de la témérité. L'armée populaire , conduite par des chefs ignorans, sera toujours écrasée par une armée plus nombreuse, mieux disciplinée, commandée par d'habiles généraux qui possèdent le génie de la guerre, la tradition militaire et la longue expérience du terrain politique. N'est-ce pas, Monsieur, chose triste à méditer, que nos tribuns incapables de se faire législateurs , n'ont su que pousser le peuple à une guerre d'extermination ? Hélas ! nos prolétaires n'avaient même pas la ressource de se réfugier, comme autrefois le peuple romain, sur un champ neutre, sur une montagne sacrée, pour dicter de là les conditions d'une alliance aux patriciens dont ils supportent le joug. Ce n'est point par des émissaires pacifiques et par un Agrippa conteur de fables que le gouvernement a conjuré le péril; c'est le fer et le feu dans les mains, la menace à la bouche, qu'il est allé lui-même à la rencontre des prolétaires. D'une part étaient leurs centuries réduites et clairsemées; de l'autre, la royauté, le gouvernement, les chambres, les parlemens, la magistrature, l'armée, le commerce, la bourgeoisie, le milliard du budget, la poste, les télégraphes, la police, un vaste réseau d'administration centralisée, la grande majorité de la presse quotidienne et le clergé, c'est-à-dire toutes les forces vitales de la société politique , toutes les influences qui pèsent dans la balance des révolutions ? Le dénouement pouvait-il être un seul instant chose incertaine? Et que penser des tribuns insensés qui, du haut de leurs journaux, du haut de la chaire législative, n'ont pas craint d'offrir la bataille et la discussion à coups de fusil ? Insensés ou traîtres ! car après avoir surexcité le peuple et l'avoir précipité contre le nouveau gouvernement, qui l'attendait le sabre nu, les canons béans, mèche allumée, ces tristes provocateurs n'ont pas eu le dévouement de descendre sur la place publique et de partager les chances du combat. Les émeutes de juin et d'avril n'ont eu à leur tête ni maréchaux, ni généraux, ni députés, ni même un simple officier d'artillerie ou un journaliste de distinction. Nous n'avons vu nul d'entre ces chefs sceller avec le sang sa foi politique et présenter sa poitrine nue aux balles des prétoriens. Que voulaient-ils ? Qu'espéraient-ils donc? Quelques phalanges de braves prolétaires pouvaient-elles renverser toutes seules des barrières insurmontables? Ce qu'ils voulaient? Grossir avec le râle du peuple expirant le vain bruit de leurs gazettes, se couronner le front de quelques gouttes de sang plébéien, rejaillies de loin sur eux, et, fiers de cette auréole, chercher à exciter quelques émotions féminines sous le lustre d'un salon doré. Ce qu'ils espéraient? Prolonger une crise sans issue et s'entourer de cadavres, pour être long-temps encore l'idole enrichie du peuple et l'épouvantail redouté du pouvoir. Puis, lorsque les conséquences d'une défaite inévitable ont assailli nos coryphées; lorsque la main, désormais trop visible, est venue s'appesantir sur eux et les menacer dans leurs derniers retranchemens; lorsque d'habiles combinaisons de presse leur ont fait entrevoir la perspective d'une pauvreté vraiment républicaine ; lorsque, surtout, le peuple et les hommes d'action revenus mutilés du combat, leur ont dit d'une voix frémissante : — « Où nous avez-vous envoyés ? Qu'allez-vous faire, maintenant ? Est-ce là ce que vous nous aviez promis? » — « Qui, nous? Nous n'avions rien promis, ont répondu les uns, plats sophistes, feignant d'ignorer que pour tout écrivain démocrate digne de ce nom, parler seulement de glaive et de bataille à un peuple en révolution, c'est déjà faire un pacte avec la mort. — Qui, nous? ont-ils lâchement répondu, nous ne sommes que des publicistes; nous jetons au vent notre idée, tant pis pour ceux qui la traduisent à coups de fusil. » Les autres, doués, comme Carrel, d'un sang plus généreux, ont eu recours au suicide politique, car j'appelle suicides ces tristes duels où nous les avons vus déployer un courage toujours facile dans les questions d'amour-propre et d'intérêt personnel.

Au total, nos pauvres gazettes démocratiques sont restées ce qu'elles étaient; elles ont perdu de mort violente plus d'abonnemens que de rédacteurs; excellens prospectus de librairie, exploitation plus ou moins fructueuse de la clientelle républicaine, payant l'intérêt de leur argent aux actionnaires, voire même le dividende, lorsque dividende il y a. J'en parle seulement par oui-dire, car ce sont pour moi terres inconnues, où je n'ai jamais voyagé. Là sur une chaise curule, qui est de paille, s'assied d'ordinaire un rédacteur qui s'appelle chef. Aussi l'est-il? mais de qui? ce serait trop plaisant de le dire. — « Messieurs, fait-il gravement comme le lion de la fable, nous sommes quatre à partager. » Bien entendu qu'il s'adjuge les plus grosses parts; les autres reçoivent, pour bénéfice de leur sacerdoce politique, casuel compris, les appointemens d'un commis de bonne maison; à moins que la caisse ne soit vide et le tronc des pauvres à sec. Et comme une feuille de chêne, toute verdoyante qu'elle puisse être, ne peut loger qu'un certain nombre de chenilles, n'ayez peur qu'un papillon aux ailes richement colorées aille se poser parmi ces insectes dévorans et jaloux.

Ce dont vous pouvez être bien convaincu, MONSIEUR, c'est que devant ce triste état-major et ce pauvre personnel de sophistes, on ne verra jamais se prosterner les illustrations sans nombre et les hautes intelligences d'une grande nation déjà vieille et dès long-temps policée; bien pourront-ils voir accourir autour d'eux les écrivains de quelque faction russe, orangiste ou sacerdotale ; quelques mouches de police, ou les doctes correspondans des gazettes d'Augsbourg et de Francfort ; et peut-être bien aussi quelques pauvres hères qui viendront sans gants écouter les oracles de la sottise parvenue, tout en se chauffant au poêle du journal.

Mon langage est âpre, MONSIEUR, et Dieu sait pourtant que je ne vise point au dénigrement ; c'est le fer du chirurgien que je promène dans nos plaies, je n'aspire qu'à les guérir, ma vie entière le prouvera ; mais, désormais, les ménagemens seraient coupables. Peu nous servirait de chercher à déguiser notre faiblesse; nos ennemis, qui sont innombrables, en connaissent parfaitement le secret ; ils y puisent comme à une source des espérances dont chaque jour voit se réaliser une partie; tandis que les diverses fractions de l'Opposition révolutionnaire se contentent de nier l'évidence, et malgré tout le fracas de leurs vaines déclamations, sont menées grand train de défaite en défaite, à leur complet anéantissement. Par momens, je me permets de soupçonner que la vieille Opposition ne loge point au fond de son cœur toute la confiance dont elle fait parade. Ignominieusement battue si souvent et sur tous les points, certaine pudeur intérieure, que tout le charlatanisme du monde ne saurait étouffer, a dû l'amener à s'avouer bien bas, en rougissant, que des chefs dont l'incapacité avait été mise à nu par des revers constans, auraient dû prendre d'autres conseils que ceux de leur ambition personnelle, et abdiquer les premiers rôles dans une lutte suprême, qui a pour enjeux l'or et le sang d'un grand peuple, sa gloire, sa liberté, son avenir; la liberté, l'avenir du monde entier.

L'Opposition, et je confonds sous ce nom générique nos orateurs de la chambre et nos sophistes des journaux, l'Opposition livrée comme elle l'est, à une confusion toute babélienne et à la tourbe anarchique de ses mesquines individualités, se rend la justice de reconnaître qu'elle est dépourvue de toute initiative; et que ne portant pas dans son sein le germe d'une seule idée féconde, elle participe de la nature des mulets et des monstres, qui n'ont que des amours sans fruit. Et pourtant elle se guindé encore sur le tréteau politique , elle continue sa vaine grimace et sa ridicule parade, quand le peuple lui a fait entendre ses huées pour adieux et s'est retiré du combat, marchant à pas lents , comme les héros d'Ossian , sombre mais intrépide, maudissant les chefs inhabiles qui l'ont conduit à sa défaite, perdant sa foi, renonçant à l'espoir, cachant ses armes brisées, essuyant le noble sang qui coule de ses blessures, l'esprit profondément découragé, mais non pas le cœur abattu.

Nos coryphées de l'Opposition ne se sont laissé déconcerter ni par la défaveur populaire , ni par les attaques du pouvoir, qui ne sont à leur égard qu'une continuité de violence et de dérision. On doit dire à l'éloge de cette Opposition multiple et bigarrée, que si elle est complètement dépourvue d'idées efficaces et de saines doctrines politiques, elle possède en revanche un grand fonds d'effronterie et d'imperturbable vanité. A quel fil tient donc encore le réseau de ses dernières illusions? Dépositaire du grand principe révolutionnaire, sans en connaître la véritable essence, elle croit en recevoir une force miraculeuse qui la conduira tôt ou tard au triomphe. Certaine que la sympathie du pays est acquise au principe qui lui est confié , il lui semble que le seul titre d'opposant au pouvoir compense avec avantage le vide de l'esprit et confère à lui seul les heureux priviléges de l'inviolabilité et de l'infaillibilité politiques.Elle fait abstraction complète de l'initiative que l'intelligence , le génie et le courage exercent sur les événemens politiques et sur les révolutions des peuples. Nos messieurs se persuadent bonnement que la France , trop heureuse qu'ils daignent se dévouer à compromettre ses plus chers intérêts, leur doit en retour indulgence plénière de leurs fautes les plus intolérables, gloire parfaite, gratitude sans bornes et force abonnemens. Pendant ce temps un pouvoir envahisseur généralise son influence , se fait un vaste arsenal des armes les plus formidables qu'une législature complaisante puisse fournir; il écrase d'une main, caresse de l'autre , sème la corruption avec l'or, et, réchauffant avec amour dans son sein les élémens encore vivaces d'un passé monarchique et religieux, prépare une domination d'autant plus difficile à limiter dans l'avenir , qu'elle aura tous les caractères d'une conquête accomplie de vive force aux dépens de la révolution. Je n'exagère rien , et si nos coryphées n'avaient la vue quelque peu courte, s'ils avaient mieux profité des rudes leçons qu'ils ont reçues, des désappointemens amers qu'il leur a fallu subir , j'invoquerais leur propre témoignage à l'appui de mes sinistres prédictions; mais ils n'ont rien appris; ils ont tout oublié; l'idée fixe qui les domine et qui les affermit dans leur folle sécurité, c'est que la liberté ne doit point périr. Ils espèrent que la force inhérente au principe révolutionnaire leur procurera quelque beau matin l'agréable surprise d'un triomphe merveilleux pour lequel ils n'auront rien fait, et le spectacle ravissant d'un changement politique à vue, amené comme par enchantement par des ressorts mystérieux et par les soins de quelque machiniste invisible. Leur dernier mot est la force du peuple; or, le peuple a déjà fait tout ce qu'on pouvait attendre de lui. Il avait remporté un de ces rares triomphes dont l'histoire offre peu d'exemples ; aujourd'hui le soleil des trois jours ne se lèverait sur lui que pour éclairer une lutte plus sanglante et plus acharnée. Le peuple, qu'on a si mal secondé, n'a que trop souffert. Pour ma part, en voyant la nullité profonde des hommes qui le dirigent et le peu qu'ils sont en état de faire pour lui, je gémirais de voir le martyr s'immoler encore une fois pour venir en aide à leur impuissance. Je tiendrais le peuple dans ma main que je n'aurais gardé de le laisser courir à des morts certaines, pour repaître, durant les jours d'une tyrannie passagère, l'ambition égoïste de nos hableurs émérites et la morgue ridicule de nos méchans gazetiers.

Si je recule devant l'idée d'une bataille plus cruelle que celle des trois jours, c'est que les chances m'en paraissent encore aujourd'hui démesurément inégales. Je vais plus loin. Supposons un instant des choses peu croyables : Louis-Philippe et sa famille hors de débat, la monarchie de nouveau terrassée, le peuple de nouveau triomphant; quel serait notre avenir ? Je le vois gros d'effroyables tempêtes, dont on n'a point encore calculé tous les dangers.

Je n'ai pas, Monsieur, la prétention de vous apprendre que la lutte nouvelle de la France révolutionnaire avec le continent, verrait aujourd'hui dans la balance des intérêts et des systèmes dont la puissance et la portée ne pouvaient guère être soupçonnées lors de l'insurrection glorieuse de 1789. L'Amérique et la Russie vont changer dans un avenir immédiat tout l'équilibre du monde social. A ne parler ici que de la dernière de ces deux puissances, sa destinée, que les hommes profondément versés dans l'histoire générale savaient prévoir, va bientôt se révéler par des efforts gigantesques; les philosophistes du dernier siècle n'en avaient pas le moindre soupçon, lorsqu'ils s'inclinaient devant le soleil du Nord et qu'ils cherchaient la lumière dans le berceau primitif de la servitude et des ténèbres sociales. Jouets de Grimm et des principaux Holbachiens, ils furent, sans le savoir, les instrumens de la politique moscovite, de cette politique si persévérante et si rusée, dont les récentes intrigues ont suborné au profit du Czar une bonne part de la presse parisienne. Le cabinet de Saint-Pétersbourg espérait profiter ultérieurement de l'œuvre des Holbachiens, comme le cabinet du Palais-Royal a profité de l'œuvre des libéraux de la Restauration ; tant il est vrai que les mains les plus élevées sont en même temps les plus habiles à manier à leur avantage le levier des réactions populaires.

Chose étrange ! l'ambition perfide des Scythes modernes spéculait sur la révolution française, quand la révolution était encore à naître ! Le canon d'Austerlitz et la main forte de Napoléon ont enfin déchiré le voile épais qui cachait aux yeux des Français un péril dont l'imminence domine de bien haut la lutte de la démocratie et des royautés catholiques du Midi. Lorsque, fidèle à une pensée aussi vieille que les premières invasions des Scythes, l'impératrice Catherine encourageait les philosophistes à bouleverser la France, elle avait présente à l'esprit la prophétie faite par les patriarches moscovites à Pierre-le-Grand, chef suprême de l'Église orientale grecque : « Tous les peuples ne doivent faire qu'un seul troupeau, » dont le Czar sera le berger * ».

Ce ne sont point ici de fantastiques évocations que je présente au lecteur, mais de tristes prophéties politiques, recueillies dans le champ trop bien exploré des réalités contemporaines. A peine le trône de Louis-Philippe est-il renversé, à peine la République est-elle proclamée dans Paris, que l'Europe entière s'ébranle. Le Nord, dès long-temps préparé, se lève comme un seul homme au signal de l'autocrate-pontife, qui s'intitule César fils de Dieu ; l'empire germanique prélude aux agrandissemens dont l'histoire du passé lui rappelle les vastes limites ; les Polaks, tour-à-tour oppresseurs et opprimés, jurent enfin sous les drapeaux une alliance nouvelle avec les Russes leurs frères. Bientôt les armées slaves vont retracer en Orient la marche des Huns et des anciens Scythes ; les aigles de César vont s'abattre à Constantinople sur le dôme de Sainte-Sophie ; l'Italie, qui soupirait après sa délivrance, expire sous le joug autrichien. Les nouveaux Ostrogoths débarquent sur la côte orientale de la terre d'Hispanus ; ils se rendent facilement maîtres du plateau central et marchent vers les Pyrénées, après avoir signalé les voiles russes sur l'horizon de la Méditerranée. César est partout ; empereur d'Orient et d'Occident, il mène ses millions de Slaves à la conquête du Midi ; l'Angleterre se détache de notre alliance ; elle songe d'avance au dédommagement des pertes incalculables qu'elle doit essuyer. La proie commune serait la France. Déjà le léopard étend ses griffes pour la dépecer, en compagnie de l'ours et du lion ; les États-Unis, que des intérêts commerciaux et une pensée commune de domination attirent vers l'alliance moscovite, voient pour eux-mêmes dans cet ébranlement général le point de départ d'une ère de richesse et de prospérité. Les Yankees se préparent à recueillir, le cas échéant, les magnifiques dépouilles de John Bull, leur ancien oppresseur et leur implacable ennemi. La révolution française et notre propagande forment le revers de cette médaille sanglante.

Voici donc la place favorable pour mettre dans tout son jour une vérité fort importante, dès long-temps incontestable pour les hommes qui ont une juste idée de l'état des populations d'outre-Rhin : c'est que notre propagande révolutionnaire n'a jamais causé d'inquiétude sérieuse à la coalition septentrionale. Bien au contraire, c'est sur nos discordes civiles, que l'ambition des Barbares fonde des espérances dont la date a précédé de plus d'un siècle le réveil de la liberté française. Et comment les puissances du Nord pourraient-elles redouter notre propagande, sur des peuples grossiers, nos ennemis et nos rivaux, puisque ses propres œuvres tournent misérablement contre elle dans Paris ; puisque à deux ans d'intervalle et dans la ville même qui lui sert de camp, elle s'est vue aspergée, bâtonnée, mitraillée, mise en cachot, puis gracieusement amnistiée par la royauté qu'elle-même avait cimentée de son sang. Se peut-il imaginer rien de plus tristement burlesque ? Et connaît-on d'assez belles phrases qui puissent atténuer la gravité de pareils faits? Les Russes peuvent bien conspirer ouvertement dans Paris ; ils peuvent bien attirer dans leurs salons des centaines de journalistes et de jeunes littérateurs français; ils ont parmi nous leurs gazettes et leurs diplomates, leurs intrigantes de coulisse et leur bande noire de sophistes corrompus. Les Tartares, s'ils le veulent, peuvent inonder notre librairie d'ouvrages publiés au profit de leurs idées; le bon public, étourdi par ses journaux, les uns indifférens ou sots, les autres perfides, peut s'imboire d'erreurs et de préjugés qui lui viennent quotidiennement sous forme de critique, de poésie, de voyages ou d'histoire. Enfin, sans tenir compte de l'influence la plus redoutable, sans contredit, qui est celle du gouvernement, je vois des factions venues de plus de trois cents lieues de distance, organiser au milieu de nous une action habile, incessante. Nos coryphées en révolution peuvent-ils se vanter d'en avoir fait autant à La Haye, à Vienne, à Saint-Pétersbourg? Ils espèrent bien y arriver; il ne leur manque pour cela que des armées. C'est-à-dire qu'il leur faut le peuple, toujours le peuple, incapables qu'ils sont de rien faire par leurs idées pour eux-mêmes et pour lui. J'insiste sur ce point avec force.

Nos messieurs n'en ont pas moins l'espoir de devenir un jour les régulateurs du monde. Semblables au charlatan de la scène, ils se flattent d'être connus dans l'univers et dans mille autres lieux ; et Dieu sait pourtant, que leur influence, bien précaire à Paris, presque nulle dans la seconde ville de France et dans les trois quarts du royaume, est à la merci d'un commissaire de police et de quatre prétoriens. Je ne connais, à vrai dire,

que la Chambre des Députés où elle puisse goûter en paix une existence
chétive, et le cercle qu'elle y décrit ne dépasse guère la place que la précieuse personne de ces honorables occupe en s'asseyant sur les bancs légis-
latifs. Bien faut-il que l'impuissance de ces eunuques politiques, de ces
ambitieux transis, soit extrême, puisque nous les voyons échouer honteu-
sement dans la réalisation d'une œuvre sainte et patriotique, dont leurs
adversaires insolens reconnaissent en principe l'équité.

Et néanmoins, l'Opposition révolutionnaire dont le rôle, soit comme
corps enseignant, soit comme parti militant, dans l'arène politique ne
mérite que les sifflets; l'Opposition compte dans son sein des hommes d'un
sens droit et d'une incontestable expérience. Elle peut citer des orateurs
justement célèbres et des publicistes vraiment distingués. Cela posé, et
après lui avoir reproché son incurable anarchie, l'égoïsme et la vanité pi-
toyable de ses plus brillantes individualités, il semblerait que l'on dût attribuer à ces causes seules le discrédit dont elle est poursuivie, les fautes
qu'elle ne cesse de commettre et les revers qui l'accablent journellement.
On se tromperait. La fondation de Juillet, dont nous subissons les conséquences véritables, les seules qu'il lui était donné de produire, doit son
affermissement à des causes majeures bien autrement décisives que la dé-
crépitude originelle de l'Opposition. Mais avant de saisir la question au
cœur, qu'il me soit permis d'envisager encore une fois la nouvelle dynastie
dans ses rapports avec l'état réel de la France et de la société générale. Ces
aperçus n'auront un caractère d'étrangeté et de nouveauté que pour l'i-
gnorance. La lutte de la liberté et de la servitude, ces deux génies qui se
disputent le règne du monde social, date de loin; elle a fait couler d'âge
en âge des fleuves de sang et agité les plus nobles esprits depuis Zoroastre.

Je ne m'arrêterai point aux banalités que nos polémistes ont griffonnées
depuis sept ans, sur la très-grave question du *Quoique Bourbon* ou *Parce
que Bourbon;* sur le plus ou moins de régularité de la proclamation de
S. M. Louis-Philippe; sur la charte octroyée et sur la charte bâclée; sur
l'article xiv qui manque au nouveau gouvernement mais dont il n'a que
faire et que, par conséquent, il ne violera pas. On pourrait, en si vaste
matière, aligner en ordre de bataille cent mille raisons excellemment lo-
giques, lesquelles, à mon sens, ne vaudraient pas quatre liards, parce
qu'il leur manquerait la raison essentielle, la raison la meilleure, qui depuis le renversement de notre pauvre société sublunaire est et sera long-
temps encore celle du plus fort. Les faits accomplis ayant leur puissance,
l'opinion publique, en qui réside la force sociale, ne peut jamais être sou-
levée par les protestations tardives de quelques sophistes ravisés; tous ces

beaux argumens qui viennent après coup, tous ces ergotages laborieux, servent à faire briller l'esprit d'une coterie, en même temps qu'ils dévoilent son impuissance et son dépit; c'est un vain murmure qui suit toujours les révolutions accomplies, mais qui ne peut rien produire de son côté, si ce n'est quelques réactions factices, sans portée et sans avenir. Je passe donc outre à des considératious d'une plus grande valeur politique, et je saisis aux cheveux la seule occasion que j'aurai jamais d'accorder deux éloges aux démocrates de Juillet.

Une pensée, louable en soi, de ces hommes soi-croyant révolutionnaires, fut de nous débarrasser, avec les Bourbons aînés, du magnétisme sacerdotal de la Restauration. Or, l'influence religieuse ne résidant point en Charles X, n'étant point incarnée en lui, n'ayant point sa source en lui, puisque le dévot prince la subissait lui-même, puisqu'il n'en était que l'instrument, il est clair qu'il ne pouvait l'emporter avec lui dans l'exil et dans la tombe. Les Bourbons de la branche cadette seront, à notre grand désappointement, rois très-chrétiens, et plus ou moins fidèles, au même titre et aux mêmes conditions que leurs aînés. Vous-même, M. LAFFITTE, devenu président de république en France, vous risqueriez beaucoup d'être, à votre corps défendant, le fils bien-aimé du Pape; tant que l'enseignement social ne serait pas radicalement changé et complètement organisé sur des bases que M. Arago fera peut-être descendre des astres, mais que les gazetiers du jour ne tireront pas du creux de leur cerveau, dût M. Laffitte leur offrir en échange les trésors que met en circulation le commerce du monde entier.

Je pique maintenant le second point de mon panégyrique en faveur des démocrates de Juillet. Leur idée patriotique fut de bannir l'étranger du sol national, avec la royauté qui nous était venue dans les bagages de l'invasion; pensée louable sous tous les rapports, mais qui ne s'est nullement réalisée, parce que la réflexion que nous avons faite précédemment au sujet de l'influence religieuse et sacerdotale, s'applique avec la même justesse au protectorat formidable de la coalition d'outre-Rhin. Les démocrates de Juillet, peu clairvoyans, s'imaginaient bannir de la France, la superstition et l'étranger; on ne saurait donner trop d'éloges à leurs excellentes intentions, tout en déplorant l'infériorité politique qui les a rendus le jouet de leurs adversaires, et qui les condamne à subir chaque jour des résultats dont ils s'indignent sans le moindre fruit. Le double but qu'ils poursuivaient en provoquant l'expulsion des Bourbons de la branche aînée, ne fut, pour des complices plus nombreux, plus puissans et plus adroits, qu'un double prétexte, un double moyen d'élever la branche cadette au trône de France.

Relativement à l'influence religieuse, le clergé catholique et tous les clergés que nous possédons, dévorent comme ci-devant leur belle part du budget ; la religion protestante florit merveilleusement et Monseigneur de Paris est très bien-venu aux Tuileries ; il a conquis les dames, le tour des messieurs viendra. Le duc de Nemours ne va-t-il pas à confesse ? Dans cet état des choses, si, par une suite de l'esprit cauteleux des prêtres, en même temps que pour éviter de scandaliser la foi politique des légitimistes bons croyans, la réconciliation de Monseigneur de Paris et de la dynastie d'Orléans paraît devoir rester conditionnelle, la religion et la nouvelle monarchie n'y perdront rien chacune de son côté. Les successeurs de Louis-Philippe Ier auront certainement des favorites, et tout porte à croire qu'ils se donneront, étant vieux, des directeurs, peut-être même des jésuites, ô *Constitutionnel !* ne fut-ce que pour imiter en cela les traditions de l'ancienne monarchie. Relativement à notre situation politique vis-à-vis du Nord, jamais les intrigues des Barbares ne furent plus actives en France et dans Paris que dans ce moment ; jamais leur influence n'y fut plus grande, jamais la faction russe que j'ai frappée à la tête dans une autre brochure, ne leva plus insolemment parmi nous son front hideux.

L'abbé de Genoude a répété jusqu'à satiété dans son journal, que les baïonnettes étrangères ne nous avaient point imposé la branche aînée des Bourbons. Je suis prêt à reconnaître, quant à moi, la vérité de ce témoignage ; nos journalistes routiniers, dont l'esprit machinal s'inspire de vieilles réminiscences, ou qui visent à prolonger en écho les opinions qui faisaient partie de leurs rôles durant la comédie des quinze années, ne manqueront pas de se réunir contre moi. Pour donner la juste mesure de l'esprit de ces gazetiers libéraux, je me contenterai de dire qu'ils prennent le parti de nier l'assertion vraie au fond de M. de Genoude, faute de savoir rétorquer contre lui, son aveu tout au moins naïf. La coalition ne nous avait point imposé la branche aînée ? Je vous en crois, l'abbé, d'autant qu'à cette époque je ne faisais presque que de naître. Mais savez-vous bien ce que votre argument prouve ? Que la France soupirait après le retour des vieux Bourbons ! Non pas cela. — Que l'empereur Alexandre ne se souciait pas de mettre sur le plus beau trône du monde, Louis XVIII, ce roi sophiste et ventru, revenu d'un long exil, avec un triste cortége de famille, de jésuites ou d'anglomanes ? Oh ! ce n'est pas moi qui vous contesterais ceci ; ni moi, ni les mieux-voyans de ce siècle, car vous dites pardieu vrai, Monsieur l'abbé, chose assez rare pour un journaliste et pour un prêtre. On sait tout ; on sait de plus que les légitimistes catholiques ont couru beau péril en ce temps-là. Sans les jongleries de la baronne de Krudner, sans les prestiges dignes des mystères d'Éleusis, qui furent employés pour subjuguer, dans Paris même, l'esprit crédule et superstitieux de l'empereur tartare, la perte de la Chine était consommée, le sabre du conquérant rayait de la carte géographique la [plus belle nationalité de l'Europe et du monde. Vous n'auriez pas seulement aujourd'hui pour rivaux les bateleurs de l'église catholique française, mais les prêtres de l'église orientale grecque et les archimandrites du Czar. On le sait; un instant le péril fut immense, mais le doigt subtil de Rome était là. Un pape sait mieux que nul escamoter une grande victoire, et c'est Rome qui vous a sauvés. Bien certainement, Monsieur l'abbé, que l'empereur tartare eût préféré laisser à Paris une sorte de roi-préfet à la façon du Bas-Empire; Bernadotte ou n'importe qui. N'a-t-on pas pu voir, en juillet 1830, dans le plus beau des trois grands jours, des proclamations placardées sur les murs de Paris, en faveur de la candidature d'un gendre russe, le prince d'Orange! Et, quand le génie d'une politique infernale creuse des souterrains tellement obscurs et profonds, que pour les sonder il faut descendre jusqu'à l'Érèbe; quand cette politique impalpable mais dense comme un gaz, laisse échapper de tels éclairs, ne faut-il pas avoir les yeux triplement sillés pour n'en être pas vivement frappé? Si l'empereur Alexandre n'eût été sot, en présence de Rome infiniment habile, on eût entendu dire : Plus de France! Les Barbares ne déploreraient pas amèrement aujourd'hui la plus magnifique occasion perdue. Alexandre n'eût pas terminé son règne, entouré des mécontentemens et des trahisons qui l'ont sacrifié. Nicolas ne ferait pas tant et de si beaux rêves. Malheur à l'autocrate s'il tardait trop au gré de ses boyards!

Je veux faire plaisir à M. l'abbé de Genoude. Les Barbares sont à Paris pour la seconde fois, le Czarowitz à Constantinople, Henri de Bourbon aux Tuileries; fort bien. Mais qu'allons-nous faire de l'armée d'invasion? Espère-t-on que cette fois les Barbares s'en retourneront comme ils seront venus aux terres hyperborées! Il est permis d'en douter. Je vous accorde, et certes on ne peut davantage, que le descendant d'Ivan-le-Fou, de Pierre-le-Cruel, et de tant d'autres, sera peut-être un type de candeur, un ange de loyauté; la différence d'origine et de religion, le pontificat suprême dont le Tartare est investi, l'orgueil personnel, l'ambition dévorante, rien ne pourra balancer dans l'ame du Czar schismatique son tendre amour pour la nationalité française, sa bienveillance délicate pour la foi catholique et son respect timide pour la légitimité du duc de Bordeaux. A merveille. Mais son état-major affamé, ses douze cents généraux, ses trois mille boyards, et tous les traîneurs de sabre qui ramènent du combat des hordes innombrables et indisciplinées; tous les cerbères aboyans qui feront chorus autour du nouveau trône, est-ce avec des galettes politiques et religieuses, prises dans votre journal que vous espérez les assoupir, M. l'abbé? Vous comptez beaucoup trop sur la vertu soporifique de votre gazette. Cependant le Czar est pour vous, il est inébranlable ; il résiste aux prières, aux remontrances, aux menaces : résistera-t-il aussi bien au glaive des Baskirs, au poison? L'épargnera-t-on dans Paris, plus qu'on n'a fait Alexandre en Moscovie? A qui pensez-vous que seraient confiés le gouvernement des provinces, le commandement des divisions militaires, tous les postes administratifs, les villes et les places fortes, au milieu des populations frémissantes, pénétrées d'horreur pour le joug étranger? Carlovingiens contre Mérovingiens, croyez-vous que les chefs de la race vaincue conserveraient long-temps terres et châteaux ? Et que pensez-vous qu'il resterait, après ce pillage universel, aux Bourbons, sans distinction de branches? Bonaparte, dont l'œil perçant avait embrassé l'histoire pour y découvrir les faits les plus significatifs, l'a dit avant moi; il leur resterait l'Aquitaine, c'est-à-dire la chance de quelques batailles sur la Loire ; combats acharnés dans lesquels on verrait figurer, comme autrefois, les armées descendues des agrestes vallées de la Navarre, pour défendre la nationalité tutélaire de la France et la liberté du Midi. Une autre analogie qu'il m'est permis de signaler, à l'avantage de cette opinion de Bonaparte, c'est que bien avant les premières invasions des Germains-Carlovingiens, les Navarrais, animés de l'esprit qui m'inspire, étaient venus organiser la résistance jusque sur les rives de la Seine, et créer dans Paris le parti Vascon. Aujourd'hui, comme alors, une paix provisoire s'ensuivrait peut-être; le descendant des Bourbons irait s'asseoir comme Caribert sur le trône de Toulouse; il mettrait une princesse russe dans son lit, il tiendrait sa principauté de l'empire et relèverait du Czar, sauf à périr plus tard de la fin misérable du roi Waiffre, lâchement égorgé par les comtes du roi Pépin, dans sa fuite à travers les forêts du Périgord, où il vécut errant et solitaire.

Voilà des choses que l'on se dit tout bas dans les châteaux. Voilà pourquoi la guerre civile est devenue désormais impossible dans la Vendée ; graces à l'expérience, au progrès du temps, à l'oubli des vieilles haines et au développement de l'esprit de nationalité. Je crois ne pas me tromper sur les vrais sentimens de nos Légitimistes, et je suis fortement convaincu qu'ils ne se laisseront pas entraîner à leur perte par quelques prêtres intrigans et par quelques jeunes robins, lesquels trouvent beau d'écrire dans des mansardes pour le règne d'un culte religieux qu'ils seraient très contrariés de devoir pratiquer, et pour la glorification d'une féodalité détruite, à laquelle personne ne pense plus en France. Quant à une féodalité nouvelle, sortie de l'invasion des Barbares, nos Légitimistes ne peuvent ignorer qu'ils en deviendraient les premiers serfs et les plus malheureux vassaux. On raconte encore dans les châteaux comment de nobles ancêtres rejetés sur la terre d'exil par la hache du serf émancipé, dûrent enfouir dans la rive étrangère les parchemins aristocratiques et les blasons du régime féodal, pour accepter chez les Barbares peu hospitaliers les modestes fonctions de cuisinier, de cocher, de coiffeur. Ce fut une sorte d'expiation sociale. L'entrée en France de leurs prétendus amis, nos ennemis les Alliés, fut une seconde leçon qui n'a point été perdue autant qu'on se l'imagine. Il n'est pas facile d'oublier que les officiers d'Alexandre, affectueusement conviés aux bals des castels de province, donnèrent avec le sabre le signal de l'orgie, éteignirent les lustres flamboyans, et consommèrent dans les ténèbres le meurtre et le viol; plus d'une châtelaine, jeune alors, cache aujourd'hui sous les robes somptueuses qu'elle traîne dans les salons du faubourg Saint-Germain, les stigmates cruels de la brutalité des Barbares. De pareils faits sont une révélation tout entière; ils ont illuminé pour nos Légitimistes un triste avenir devant lequel les hommes les plus sages et les plus influens du parti reculent, tout prêts à se jeter dans les bras de Louis-Philippe comme ils se jetteraient dans les nôtres, MONSIEUR, si nous étions gens à savoir faire une révolution que tous les Français auraient intérêt d'embrasser.

En attendant, le grand équilibriste se tient droit sur la corde; il a divers balanciers : les alliances protestantes, et la royauté constitutionnelle de Christine, qui font contrepoids à Don Carlos et à Dieudonné ; la propagande révolutionnaire, arme brisée entre nos mains, mais redoutable dans celles d'un gouvernement puissant, sert de balance à la coalition d'outre-Rhin, qu'on affaiblit en outre en la divisant. Et quand ce jeu de bascule aura fait son temps, on en choisira un autre plus approprié aux circonstances ; par exemple, une alliance espagnole, le rétablissement de la loi salique, tenue en réserve; enfin un essor de catholicité, combiné avec le Pape et l'Autriche, contre la Russie et ses adhérens. *In secula !* D'où je conclus que Louis-Philippe, la Russie, le Pape, tous, dans la tragédie sociale, s'acquittent de leur rôle à merveille et travaillent comme beaux diables chacun pour soi; si ce n'est nous, pauvres hères à la suite, condamnés au triste rôle de jobards politiques, en livrée de sot.

Admettons, ce qui est infiniment probable, que les démons du plaisir, du jeu, de l'ivresse, de la banqueroute, de la famine et de l'orgueil, entraînent quelque beau jour à la conquête du Midi les cinq à six millions de Barbares qui sont enrégimentés dans le Nord : nul doute que les rois de la branche cadette des Bourbons, s'ils ont du cœur et du génie, pourront ceindre une belle épée et soutenir un magnifique duel. Mais que les démo-

crates de Juillet ne se lèvent point trop fiers en présence de cette éventualité, qu'ils ne s'applaudissent point trop haut de la sagesse de leur œuvre;
qu'ils n'invoquent point son opportunité, sa nécessité, son inévitabilité. Si
la partie s'engage , ils ne tiendront pas les cartes et n'auront pas la plus
petite part aux enjeux. Les cordons de la bourse publique, que M. Dupin
se flatte de tenir du haut de son fauteuil présidental, s'échapperont d'entre
ses doigts, qui ont déjà grand'peine à les retenir , tant ils sont glissans !
Soyons clairs. Si la lutte entre la branche cadette des Bourbons et le Nord
éclate, j'aime à croire que la nationalité monarchique de la France l'emportera; mais les conséquences de la victoire pour nos institutions seront
telles , que le peuple, et nous avec lui, nous en viendrons à dire , comme
l'âne de la fable : *Clitellas dum portem meas :* Qu'importe un Bourbon ou
un Romanoff? Sauvez-vous et me laissez paître.

L'illustre président de la Chambre des Députés courra lui-même grand
risque de se voir attacher sa sonnette au cou et d'être envoyé de la sorte
aux verdoyantes prairies du département de la Nièvre; quant à nos honorables députés, je crois pouvoir leur donner l'assurance qu'on ne les fera
point sauter par les fenêtres de la Chambre, attendu que la Chambre basse
n'a point de fenêtres et qu'elle reçoit d'en haut , au travers d'un grillage
circulaire , une lumière et des langues qui ne sont point celles du Saint-
Esprit. Allez, mes pauvres automates ; obéissez à la ficelle qui vous fait
mouvoir, faites des lois par assis et levé, jetez des boules dans les urnes ;
que j'entende claquer vos paroles, comme le battant d'un moulin dont la
mécanique change la moisson dorée du peuple en pain blanc du pouvoir :
allez ! Quand les fidèles et les croyans de la communion électorale se seront
assez prosternés devant le fétiche législatif, quand la dynastie se sera con-
vénablement gorgée à cette source des richesses qu'on lui prodigue à titre
d'apanages , à toute espèce de titres , vous recevrez enfin votre don de
merci; le grand sacrificateur laissera tomber sa massue sur votre tête ver-
moulue, et l'on aura enfin la certitude qu'elle ne renfermait ni l'intelligence, ni la justice, mais force poignées de pièces d'or.

Vous devez vous apercevoir , Monsieur , que perdant souvent
de vue mon principal auditeur , je me laisse entraîner à de fré-
quens écarts, afin de donner plus de saillie à mes idées, plus de jet à
mon style; j'ai reçu les leçons des bardes de la Navarre et j'imite parfois
les apostrophes redoutées de leurs malignes improvisations. Je crois
avoir élucidé toutes les avenues de mon sujet; je crois avoir épuisé
les probabilités, les suppositions et les éventualités politiques. J'ai fait
mouvoir bien des pièces dans mon échiquier, varié toutes mes combinaisons, pour arriver à une conclusion, et cette conclusion la voici :

L'initiative d'une doctrine politique étant donnée, elle s'incarne et se personnifie dans des familles royales, des castes, des corporations savantes ou religieuses. Pour fonder une église, un empire, une monarchie, une république même, dans les conditions actuelles de la société, il faut, avant tout, une doctrine et des chefs éminens, autour desquels doit se grouper en première ligne la classe riche, instruite, élevée ; celle en qui résident la science, l'art, la poésie, l'aiguillon de la gloire, l'instinct et l'amour du commandement. Toujours et partout le levier du mouvement populaire est en haut, c'est d'en haut que partent les révolutions, et quand l'émeute vient à éclater dans les régions inférieures de la société, c'est que des influences dominantes l'ont habilement fomentée; ce sont elles qui s'en emparent invariablement, pour s'en disputer et s'en arracher les fruits. Or, comme l'influence révolutionnaire est à créer encore en France; comme les bases de son organisation n'ont pas même été soupçonnées jusqu'ici, notre société mise en branle, comme une roue gigantesque obéit à des vents contraires plus forts que le souffle haletant de l'Opposition; elle ne peut s'arrêter qu'aux divers points où elle rencontre des engrenures; la puissance et l'habileté des partis consistent à l'amener et à la fixer chacun dans la sienne. Pour nous qui prêtons un bras complaisant à cette puissante rotation, elle glisse sur nos têtes et nous écrase chaque fois, parce que l'engrenure révolutionnaire est encore à tailler. Nous ne sommes point un parti. Je ne vois qu'une matière sociale, pétrie par d'autres mains que les nôtres et pleine encore de vieux levains qui fermentent contre nous; nous n'avons encore jeté là-dedans que la poussière de quelques ruines ; aussi ne brillons-nous pas, Dieu merci ! Nous ressemblons, autour de la curée politique, à ces lévriers malingreux que des compagnons plus gaillards tiennent derrière eux, en les repoussant du pied; par momens, un piqueur fait claquer son fouet, les gros mâtins font mine de se déranger, et la canaille tire enfin sa petite part, mais à la dérobée et du bout des lèvres ; encore n'est-ce pas sans grand détriment des oreilles et du poil. La part que les enfans du peuple ont aux bienfaits sociaux, ressemble exactement à celle-là; quant au peuple lui-même, une fois sa besogne faite au profit de ses maîtres et seigneurs, on le paie avec des chansons et il rentre gueux au logis, en véritable philosophe.

Je ne connais en Occident qu'une seule école organisée, qui puisse hasarder avec succès, contre les monarchies, la bataille populaire; c'est le clergé romain. Mais l'Église possède un symbole complet, une mythologie savante, une doctrine traditionnelle, beaucoup de richesses, la liberté illimitée de la presse, de l'enseignement et de la prédication, des basiliques innombrables, chefs-d'œuvre de l'architecture, un culte grandiose, des cérémonies pompeuses, une hiérarchie magnifique, une grande auréole poétique et littéraire, un martyrologe glorieux, une préexistence séculaire, une Genèse, l'Évangile, la foi des peuples et la police du confessionnal; et quoique les invasions des Barbares, depuis Genseric, lui aient fait éprouver bien des vicissitudes, elle n'a cessé jusqu'à ce jour d'être la dominatrice de l'Occident et de tendre à l'unité de la loi religieuse.

Les sarcasmes de Voltaire, moins profonds et moins affirmatifs que les savantes bouffonneries de Rabelais, n'ont attiré sur le dogme mystico-chrétien qu'un discrédit passager, sans pouvoir tuer le germe de sa vitalité et sans dégager l'essence précieuse qui est renfermée sous son écorce symbolique. Voltaire, en ceci, me fait l'effet du singe de la fable, qui roulait entre ses pattes le fruit aspère du marronnier, sans arriver jusqu'aux châtaignes contenues dans cette enveloppe rude et piquante. Le symbole généralisateur du catholicisme, bien supérieur à la mythologie ancienne, est impérissable comme celle-ci; car, remarquons-le bien, les idées et la poésie de l'ancien polythéisme survivent encore parmi nous; elles nous sont familières, plus de quinze siècles après que cette religion, long-temps florissante, a vu les Dieux du Capitole renversés à jamais de leur piédestal. Où sont aujourd'hui les temples fastueux et les millions de prêtres dont le paganisme avait couvert la terre entière, tributaire de son culte et de ses sacrifices? Ils sont devenus ce que les prêtres et les basiliques du catholicisme deviendront à leur tour, après avoir successivement béni l'oriflamme monarchique et les faisceaux du licteur.

C'est une folle persuasion de croire qu'il suffise de nier une religion pour la détruire; la société ne rejette point ainsi légèrement et sans un long et profond examen, les dogmes qui ont été l'objet de sa vénération pendant des siècles; un instinct vrai l'avertit que la science traditionnelle de l'humanité, sous quelque forme qu'elle nous soit parvenue, symbolique ou définie, allégorique ou rationnelle, est un trésor précieux dont la perte serait irréparable. La société ne brise jamais brusquement la chaîne de ses pensées, car si le passé n'était pour elle qu'une longue erreur, où seraient les gages de la lumière pure et vraie qui doit briller sur elle dans l'avenir?

Si l'on connaissait mieux l'histoire de l'église romaine, on se dirait que les attaques du philosophisme et les brutalités de 93 n'ont été rien, comparativement aux déchiremens qu'elle a soufferts à diverses époques. Cette Église participe de la nature des polypes, qui portent en eux-mêmes le germe de leur végétation; retranchez-lui quelque membre, et tant que la bête ne sera pas morte, le membre renaîtra. On pourrait encore la comparer au Phénix. J'ai dit, dans d'autres écrits, comment il serait possible de la faire mourir doucement, pour la faire résurgir de ses cendres ; au profit de la nouvelle civilisation; en cela, j'ai cru entreprendre une œuvre éminemment révolutionnaire. Je n'ai pas craint de prendre un titre ambitieux, que nul dans ce siècle n'est de force à me disputer, et que le suffrage de la postérité confirmera peut-être. Hors du sillon que j'ai creusé, on ne sèmera que de faux germes, et le principe révolutionnaire ne se développera jamais ; et comme entre deux élémens, dont l'un est inerte, l'autre actif, ce dernier ne peut manquer de prévaloir, le principe religieux, toujours prospère et toujours absorbant, l'emportera tôt ou tard sur l'incohérence des idées de ce siècle et sur le néant d'une vaine philosophie.

Je puis manier sans trop d'effort ces grandes questions, qui me sont familières; après les avoir approfondies dans d'autres écrits comme philologue et comme historien, je puis les discuter ici comme homme politique. Des esprits étroits et superficiels diront : A quoi bon ? Ces gens-là s'enveloppent dans leur incrédulité personnelle comme dans un impénétrable manteau. Hommes instruits, mais spéciaux, ils ne daignent pas s'enquérir si nos ennemis persévérans n'exercent pas sur l'esprit public, par tous les moyens dont nous sommes dépourvus, une action irrésistible, qui aura pour conséquence immédiate la désaffection de nos idées et l'horreur des principes que nous défendons. Déjà ce résultat est obtenu plus d'à-moitié. Mais nous sommes ainsi bâtis, nous autres révolutionnaires; la traduction des idées en actes est un phénomène dont nous n'avons jamais bien connu le jeu puissant; nous sommes toujours nus, toujours imprévoyans, toujours désarmés ; nos adversaires nous frappent journellement, et c'est lorsque des coups terribles nous sont portés que nous apercevons enfin la main perfide qui les a long-temps balancés. Comment pourrions-nous suivre la marche et les campemens de nos adversaires, puisque les trois quarts du temps nous marchons nous-mêmes au hasard, sans savoir où, uniquement pour ne pas rester coi, pour avoir l'air d'aller quelque part et faire acte de locomotion ?

Carrel, le plus distingué des journalistes démocrates, tranchait du petit Napoléon. Il raillait fort lestement les seuls hommes profonds de son parti; il voulait le glaive sans la doctrine, la croix sans l'Évangile, le cimeterre sans le Coran. — « Avant tout la République, disait-il, la victoire du peuple nous donnera tout cela. » — Détrompez-vous, courageux Normand, vous parlez en Barbare et vous n'aspirez qu'à la gloire de vous montrer au premier rang dans un combat, à l'imitation des anciens héros de votre province qui venaient en conquérans saccager la bonne ville de Paris. Sans le « tout cela », que vous ne compreniez guère, la victoire du peuple n'aura pas lieu; la sagesse de Laffitte vous prouvera que le temps des Républicains n'est pas encore venu; moi, je n'hésite point à dire qu'au train dont vous allez et dont on vous mène, ce temps-là ne viendra jamais.

Les partisans de Carrel, s'il en existe encore, nous diront peut-être que sans une trentaine de lois, sans les arrestations préventives, les procès politiques, les cachots et les mitraillades à boulet rouge, leurs projets auraient infailliblement réussi. Je conviens qu'à tout cela près, il ne s'en est fallu de guère.

La mort du célèbre journaliste est, à mon avis, un grand enseignement; veuillez, Monsieur, vous retracer avec moi les circonstances dont elle fut accompagnée. Voyez Carrel, délirant et moribond, demandant à grands cris son bain, pour calmer la fièvre allumée par la balle qu'un serviteur de la maison d'Orléans avait mise dans ses entrailles; voyez à la droite de ce lit ensanglanté, la théocratie sacerdotale, représentée par l'abbé de La Mennais; à sa gauche, la monarchie féodale et religieuse, représentée par le vicomte de Châteaubriand. Voyez, dans l'antichambre, M. l'abbé de Genoude, le représentant du Pape, venant proposer au révolutionnaire expirant une rétractation solennelle, accompagnée d'une toute petite confession, et suivie de l'extrême-onction, dont le pieux abbé portait les saintes huiles cachées dans un pan de sa soutane. Placez au chevet du mourant un bon et modeste capitaine auvergnat, Persat, type de la bravoure française et de la franchise des camps; vous aurez auprès de Carrel les souvenirs de l'Empire et de nos trente dernières années de révolution; ajoutez quelques amis dévoués, non moins braves que Carrel, représentant le deuil de l'armée prolétaire. Assistez avec nous à ses tristes funérailles. Voyez enfin le baron d'Eckstein, le précurseur de la religion du Czar, le sophiste des Barbares venant jeter sur la tombe du jeune chef de parti des fleurs que l'éditeur Paulin a tressées en couronne à la fin d'un livre; et vous aurez, Monsieur, le spectacle le plus saisissant, le plus complet; il montre dans son vrai jour la situation de notre école révolutionnaire et des puissances sociales qui font cercle autour d'elle, pour la tuer et pour l'ensevelir.

J'ai parlé de l'abbé de La Mennais; je ne sais si les idées qu'il a récemment propagées lui viennent d'une inspiration personnelle, mais je le croirais volontiers. La France n'a fourni qu'un seul pape à l'église romaine et la faction gallicane fut toujours suspecte aux Ultramontains. Si l'illustre abbé s'était laissé élever en dignités jusqu'à devenir cardinal, pour assister aux consistoires secrets du Vatican, il y aurait trouvé des politiques à plus longue vue et des comédiens plus expérimentés que ceux de la

Basse-Bretagne. Il ne se serait pas échauffé autant qu'il l'a fait pour son idée; la cour de Rome qui se moque au fond des hérésies, mais qui craint les imprudences, n'aurait pas montré tant de mauvaise humeur en apercevant la lumière de ce ballon perdu. J'ai pour garant de ma persuasion la correspondance d'un fin cardinal, rendue publique; j'ai le souvenir des clubs révolutionnaires organisés à Madrid par la frocaille catholique, dès le règne de Ferdinand. D'autres que moi savent quelles étaient et quelles sont encore les prédications de ces moines éloquens, dont la frénésie dépasse de beaucoup celle de Marat et de Babeuf. La barque de saint Pierre a de bons pilotes; la tourmente française a été passagère et l'Église se prépare à lutter dans l'avenir contre un ouragan plus dangereux. La conduite de Napoléon envers le souverain pontife a ravivé des alarmes fort anciennes; ce que le Charlemagne corse, restaurateur du catholicisme, n'a pas craint de faire, l'Autocrate russe, l'Empereur et Czar, fils de Dieu, le grand-pontife de l'église orientale grecque hésiterait-il à l'accomplir? Si l'empire d'Orient se relève, les patriarches vont trôner à Constantinople, et le vieux schisme à Sainte-Sophie, en même temps qu'un Czarowitz en Occident. Si j'en crois même certaines exhumations du sacerdoce et du despotisme asiatique, apportées à Paris par les écrivains de la faction gallo-russe, ces messieurs auraient un vague projet d'organiser un culte plus homogène et plus symbolique, dont l'Autocrate serait le grand-lama. La papauté romaine, qui se compare à une sentinelle vigilante placée sur la montagne de Sion, ne s'endort point; elle veille sur ses moutons, comme l'Angleterre sur ses possessions indo-persiques. Les pontifes qui convertirent à la foi catholique les Polaks, cette tribu alors puissante de la famille slave, savaient très bien ce qu'ils faisaient; leurs prévisions ont précédé de plusieurs centaines d'années celles de Napoléon et de La Mennais; j'ajouterais les miennes, si j'osais placer mon nom chétif entre ces noms fameux.

Ici, je veux avertir M. l'abbé de Genoude, qu'en appelant comme il l'a fait les Russes à Constantinople, dans l'espoir d'amener Henri V à Paris, il a furieusement compromis la mitre d'évêque, dont il aspire à couvrir son front; je l'engage à mieux pénétrer la politique du Pape. En reconnaissance de cet avertissement charitable, M. l'abbé de Genoude devrait bien pour la première fois m'accorder enfin les honneurs de son journal, lequel, semblable à maint autre, fait grand fracas de sa loyauté, de ses doctrines, et prudemment n'attaque jamais dans ses colonnes que les sottises dont il lui est facile d'avoir bon marché.

Mais peut-être est-ce moi qui me trompais, en raillant M. l'abbé de Genoude; et comme en sa qualité de prêtre, il est encore plus fidèle partisan du Pape que du duc de Bordeaux, peut-être l'abbé journaliste prêche-t-il pour l'avenir du catholicisme, dans un ordre d'idées opposé à celui de La Mennais. La puissance réelle de l'Église romaine est encore telle, à mon avis, que les successeurs des apôtres galiléens sont capables d'aller chercher le Czar sur son trône boréal et de nous l'amener, comme un autre Attila, fléau de Dieu, sauf à dire plus tard à l'Autocrate schismatique, comme saint Remi à Clovis : « Courbe la tête, fier Sicambre, et reçois le baptême de la vraie foi. » Que si le nouveau Clovis se montre rebelle aux inspirations de la grâce, alors un appel aux nationalités méridionales récemment détruites; alors les révoltes de la démagogie catholique, alors la république de l'abbé de La Mennais.

Cette révolution aura bien des chances pour s'accomplir. Les premières monarchies sorties de l'invasion celto-scythe se rapprochaient de l'âge patriarcal, et leur durée fut assez longue. Les empires modernes sortis de l'invasion hunno-gothe, teutonique et germaine, ont tracé plus rapidement le cercle de leur décadence. Les empires qui naîtraient de l'invasion russe et d'un élément déjà corrompu, deviendraient la proie d'une putréfaction rapide, au sein des richesses et des plaisirs que prodigue la civilisation industrielle du Midi. Les Barbares pourraient bien être égorgés à leur première ivresse; le sacerdoce catholique resterait le maître, la démagogie mystico-chrétienne triompherait. Dès ce jour nous aurions, avec un autre culte et d'autres symboles, le pendant des républiques de la Grèce ou de celle de Rome; de ces républiques superstitieuses menées par le sacerdoce et le patriciat et conduites au chant des poulets sacrés, au vain bruit de Jupiter tonnant, jusqu'aux dernières limites de l'abjection et de la servitude. A moins, toutefois, que des académiciens beaux-esprits ne ressuscitent le culte de la déesse Raison, et les fêtes jacobines de 93, frappées d'un ridicule ineffaçable.

L'église romaine se distingue par l'expérience et par l'habileté qu'elle ne pouvait manquer d'acquérir en gouvernant comme elle a fait l'Occident, depuis dix-huit siècles, et en parvenant à rançonner au profit de ses coffres jusqu'aux plus cruels et aux plus pillards d'entre les Barbares, que son intelligence incontestablement supérieure a toujours subjugués. Les augures et les devins du catholicisme ont les yeux perçans de l'aigle pour apercevoir l'avenir le plus lointain; mais, dans le présent, leur marche est plus circonspecte que celle de la tortue; leurs pas dans le labyrinthe politique, sont, au besoin, plus agiles que ceux de la souris. L'intérêt du catholicisme relativement au clergé français, est d'abord de se conserver les millions du budget; car, sans argent, point de séminaires, point d'enseignement, et bientôt plus de culte. L'abbé de La Mennais offre bien d'ouvrir au clergé catholique la poche des prolétaires ; mais lui sage, aime beaucoup mieux puiser dans la caisse du ministère des Finances. Il en tire un revenu clair et certain qui ne suit point dans ses variations le thermomètre de la dévotion publique ; et le clergé, rétribué par la monarchie constitutionnelle, n'en ouvre pas moins ses deux mains pour recevoir l'aumône volontaire du peuple croyant. L'église, d'ailleurs, a pour système, de ne jamais chanter de *Te Deum* que pour la gloire des vainqueurs. Elle a béni les victimes de Juillet ; si la démocratie triomphe, on saura quel prix le clergé met à ses prières. Jusque là c'est temps perdu que de vouloir engager Monseigneur de Paris à parler en jacobin et à vivre en ermite. La transformation politique que l'abbé de La Mennais voulait faire subir au clergé romain, s'opèrera quelque jour, peut-être ; mais c'est des hauteurs suprêmes de la hiérarchie que partira le signal. L'église gallicane n'ira pas se compromettre à l'étourdie, avec le gouvernement qui la soutient et qui donne une magnifique solde à toute la milice religieuse ; elle ne renoncera pas légèrement à sa part du budget national ; sans quoi, graces à nous, mauvais croyans, et quoi que pût faire l'abbé de La Mennais, nos bons prêtres devenus en peu d'années ignorans et pauvres, seraient réduits à réciter leurs patenôtres dans un latin qu'ils ne comprendraient pas eux-mêmes, et à trafiquer de momeries dignes de Châtel, au milieu d'une civilisation croissante qui les prendrait en dérision. Ils deviendraient semblables sur ce point au sacerdoce de toutes les religions déchues, qui ne laissent à leur dissolution, pour tout résidu, qu'un petit nombre de jongleurs et de misérables sorciers.

La perspective que je fais entrevoir ici au clergé romain, n'a rien de chimérique ; mais l'église a trop le sentiment de sa véritable puissance, pour s'en effrayer. Elle organisera la démocratie religieuse quand il lui plaira, si mieux elle n'aime appeler un autre Attila et de nouveaux Barbares pour châtier l'incrédulité révolutionnaire. L'église catholique romaine est encore aujourd'hui de force à ne pas se laisser déconcerter par une invasion générale qui transporterait le schisme du Czar, à Constantinople et à Paris. La papauté n'a point encore oublié que durant les premiers siècles de l'ère chrétienne, elle a reçu de la main du peuple l'impôt dû à César. En remontant plus haut, le grand-prêtre des Juifs vidait régulièrement le budget du temple, sous forme de tribut, dans les coffres des empereurs romains, ou des rois d'Égypte et d'Assyrie. L'église catholique aurait le bon esprit de profiter de ces mémorables exemples, elle céderait avec la souplesse du serpent aux exigences de la nécessité. Ce n'est qu'en désespoir de cause, et le plus tard possible, après avoir tenté vainement par tous les moyens, de circonvenir, d'enlacer, de maîtriser le nouvel élément social , qu'elle se résoudrait à déposer enfin le masque, pour faire un appel souterrain au nationalisme du Sud, et arborer l'étendard de la démocratie, surmonté par le gibet du *Christ*.

Raisonnant par analogie, on doit croire que cette révolution sourdement préparée, et fomentée d'une manière occulte, indirecte, se développerait graduellement, de façon à ne pas compromettre le moins du monde ceux qui en auraient été les principaux instigateurs. Les portes de l'église qui se dit éternelle, verraient alors rugir devant elles les flots de l'insurrection populaire. N'en doutez point, MONSIEUR, il se trouverait ce jour-là quelque audacieux, non moins fidèle croyant que farouche démocrate, capable de dire au Pape lui-même , en lui montrant tout un peuple armé : « Santo-Padre ! Les tyrans ne sont plus ! Vous n'avez plus qu'à choisir : un passe-port ou le *Te Deum*. Vive la liberté! » Vous verrez, MONSIEUR, que ces enragés, dans un excès de zèle, feront, comme Bonaparte, violence au vénérable pontife, lequel gardera son air contrit, et , sans rire, distribuant des bénédictions encore timides , sera porté sur les épaules d'une foule enivrée jusqu'à son dais pontifical. Les acclamations du peuple égaleront celles que fit entendre la Grèce affranchie; les corbeaux qui volent autour de la coupole de Saint-Pierre de Rome , tomberont morts. Et malheur à moi, si je vis dans cet heureux temps de liberté sacerdotale, pour prêcher la lumière comme Socrate, et railler les faux dieux de la patrie!

De tout ce qui précède je puis conclure, en passant, que la montre politique de l'abbé de La Mennais, quelque peu détraquée , avance de beaucoup. Le cadran solaire sur lequel j'avais les yeux fixés avance peut-être davantage. Réglons-nous pour le quart d'heure à l'horloge des Tuileries. C'est de la politique toute simple et toute rationnelle que je fais avec vous, MONSIEUR, et non pas de la cosmogonie.

La conclusion principale que j'ai tenue en réserve , c'est que la vieille Opposition révolutionnaire est également impuissante contre les influences religieuses et les pouvoirs politiques qui dominent aujourd'hui en Occident. Je prends ici le mot *politique* dans l'acception restreinte que nous lui donnons, quoiqu'il exprime en définition, la science de toutes les choses humaines et l'universalité des phénomènes sociaux. Mais peut-être que la vieille Opposition compense ce qui lui manque sous le rapport de l'initiative organisatrice et révolutionnaire par son habileté pratique et par d'heureuses idées de détail. Hélas, non ! Dire comment cette Opposition stérile et maudite, dupe de ses folles espérances , des provocations perfides du pouvoir et des suggestions indirectes de ses ennemis , n'a rien avancé ou fait depuis sept ans qui n'ait tourné à sa ruine et à sa confusion, serait trop long et trop fastidieux. Nous nous bornerons à indiquer rapidement quelques-uns des griefs dont elle doit nous accorder une éclatante réparation devant la France du dix-neuvième siècle. Il n'y aura pas de notre faute si la division du camp révolutionnaire en une multitude de sectes dissidentes, nous contraint d'isoler nos attaques et de discuter les idées de ses principaux organes, successivement et en particulier.

L'un, philantrope compâtissant, voudrait faire abolir la peine de mort, au profit des bandits et des voleurs; il ne songe point aux moyens d'abolir plutôt l'assassinat, résultat plus désirable, qui rendrait inutile la peine de mort. Ce singulier réformateur en est encore à savoir que dans toute société corrompue, livrée au génie du mal, les lois cruelles et répressives sont un contre-poids aussi nécessaire à l'ordre général que les béquilles à la marche d'un boiteux, et qu'une tête pourrie qui tombe sous le fer du bourreau épargne vingt meurtres à la société. Les beaux discours qui ont été débités sur le thème contraire, les acquittemens que ces divagations sentimentales ont arrachés à la conscience troublée du jury, n'ont pas manqué de produire les effets les plus funestes au lieu des améliorations que l'on se flattait de réaliser. Le peuple des campagnes, qui ne lit pas de journaux, mais à qui les communications orales et les confidences de la renommée font connaître toutes les nouvelles, infailliblement dénaturées, croit aujourd'hui fermement dans les trois quarts du royaume que les Chambres ont aboli par une loi la peine de mort ; et combien de passions mauvaises cette persuasion n'a-t-elle pas enhardies! Avec quelle effrayante progression ne voyons-nous pas le meurtre, le parricide et l'incendie se multiplier et se propager rapidement au fond de toutes nos provinces! Avec quel triomphe secret les moralistes des gazettes religieuses n'enregistrent-ils pas dans leurs colonnes ces crimes odieux, comme autant de preuves de la corruption dévorante que le souffle révolutionnaire, à les en croire, aurait semée au fond des cœurs! Des hommes honnêtes et superficiels, ignorant quel fut l'état de la vieille France, ne laisseront pas d'être frappés. Nos bons diables de libéraux qui ont peu d'idées et qui exposent assez franchement celles qu'ils croient avoir, ne se doutent point que nos adversaires, plus profonds et plus machiavéliques, savent employer pour conduire les esprits les moyens en apparence les plus indirects, et qu'ils ne bornent pas leur propagande à la triture matérielle d'une politique journalière.

Lorsqu'au milieu de la société la plus policée de l'univers, on voit les boulets rouges et les fusées à la congrève faire sauter les maisons avec les infortunés qui les habitent; lorsque des soldats concitoyens prennent d'assaut les rues de la ville civilisée par excellence et massacrent, dans leur ivresse, femmes, enfans et vieillards; lorsque les pères empoisonnent leurs enfans; lorsque les fils abattent leur père à coups de hache; lorsque le meurtrier coupe en petits morceaux le cadavre de sa victime; lorsque, pour prix des tendres caresses de l'amour, un prêtre, horreur de la nature, étrangle, à la faveur d'un embrassement lascif, la jeune fille qu'il a séduite, qu'il a rendue mère, et que le monstre dépèce le corps inanimé, puis l'enferme tout sanglant et meurtri dans un sac, pour le lancer à la rivière avec l'enfant mort que la jeune mère portait au sein; oserez-vous dire, sophistes, qu'il est temps d'abolir la peine de mort? Et quand de tels êtres respirent au milieu de la société, pourquoi ne pas laisser vivre le bourreau? Son ministère est horrible sans doute, mais il est juste et salutaire, relativement au temps; laissez-le donc en paix, trancher la tête des coupe-jarrets fameux et des scélérats illustres. Je le prends sous ma protection.

Le premier qui mit en discussion l'abolition de la peine de mort avait son but. L'artifice employé pour faire mordre nos révolutionnaires à cet appât, fut de leur persuader que l'abolition de la peine de mort, emportant celle des exécutions politiques, le peuple se laisserait entraîner plus facilement à l'insurrection. Je ne serais pas même étonné d'entendre dire que tel démagogue, né de la souche de ceux-là que Danton appelait de plats coquins, eût pris conseil de sa lâcheté pour solliciter une loi de grace qui l'aurait préservé du péril d'engager à l'avenir sa tête comme enjeu dans les conspirations.

Voilà comme nous procédons, nous autres grands révolutionnaires. Pour atteindre un but trompeur, nous courons à notre perte, par des chemins que souvent nos ennemis eux-mêmes nous ont ouverts. Tel prêtre astucieux nous souffle-t-il par un écho : la peine de mort est la honte de vos mœurs et de votre civilisation ! Vite, nous allons noircir trente gazettes par des divagations philantropiques sur l'abolition de la peine de mort. Le démagogue, lâchement rusé, se flattera d'abolir du même coup les exécutions politiques; bien est-il vrai qu'il n'abolira ni les mitraillades ni les égorgemens de la rue; mais comme, grâce à l'indispensabilité de sa précieuse personne, le démagogue a fait vœu de se conserver sain et sauf le plus long-temps possible, sans s'exposer aux chances du combat et aux périls de la barricade, ce léger inconvénient le touche peu. Or, de bonne foi, l'abolition de la peine de mort est-elle désirable dans l'intérêt général de la société? N'est-ce pas folie d'espérer que jamais le gouvernement la propose? Dès-lors pourquoi ces funestes déclamations qui produisent tant d'horribles fruits? Lacenaire et Alibaud ne seront jamais confondus, et quand même ce dernier n'aurait pas subi le dernier supplice, nous n'au-

rions pas moins à gémir sur les massacres de Lyon et de la rue Trans-
nonain. Sophiste ! tu voudrais abolir la peine de mort, abolis d'abord
l'assassinat; abolis surtout la guerre, après quoi le bourreau verra rouiller
entre ses mains son fer oisif.

L'homme qui goûte le vin pour la première fois éprouve une sensation
d'amertume, et l'odeur même de ce breuvage recherché lui répugne de
prime-abord. Croit-on que le frère meurtrier ait pu goûter le sang de son
frère sans éprouver un dégoût insurmontable, une invincible horreur?
Le premier assassin revenait d'un champ de bataille; il avait éprouvé déjà
tout ce que le carnage inspire d'ivresse et de fureur ; il avait marché sur
des monceaux de cadavres et les dépouilles ensanglantées de la victoire
l'avaient enrichi. C'est alors que le génie du mal lui jetant sur l'ame un
voile épais, que le démon de la paresse et celui de l'or excitant sa cupidité
farouche, cet être misérable et abruti se cacha dans les solitudes comme
une bête féroce, pour fondre sur le voyageur, pour l'égorger et le piller.
L'allégorie de Caïn et d'Abel est admirable par la profondeur du sens his-
torique ; Caïn, c'est-à-dire le géant, représente les Celto-Scythes, géans
du Nord. Avant que le bandolero assassin eût appris à se poster dans les
sierras de l'Espagne, les Celtes conquérans avaient détruit dans les fer-
tiles provinces de l'Ibérie les tribus patriarcales du Midi. Je le répète donc,
avant d'abolir la peine de mort, il faut extirper les crimes du milieu de la
société, il faut changer tous les principes actuels du droit des gens, il faut
abolir l'abus de la conquête et celui de la guerre.

Ceci nous ramène tout droit aux enchantemens de l'Age d'or : une paix
séculaire, un ciel constamment serein, le paradis sur terre, des fruits à
gogo, le loup jouant avec les agneaux dans la prairie, de frais ombrages,
de limpides ruisseaux, des grottes incomparables, des tapis de fleurs ; la
vérité toute nue, de belles femmes pudiques et pas d'amour jaloux; tel
fut à peu de chose près, dit-on, ce bienheureux Age d'or. Il serait à dé-
sirer qu'il revienne, et pour ce qui me concerne, j'y compte fort; bien
moins, il est vrai, d'après l'examen de la société actuelle, que sur la foi
des prophéties. Mais en attendant le riant avenir et la pacification de l'humanité régénérée, nous avons les voleurs, les assassins, les parricides, les
empoisonneurs et les incendiaires, avec les fornicateurs de toute espèce
dont il est question dans *l'Apocalypse.*

Le maintien de la peine de mort et l'autorité des tribunaux, étant pour
nous des garanties précieuses d'ordre secial, je ne puis m'empêcher de
déplorer ici les tristes aberrations de M. Raspail, qui voulant faire de la
révolution en chimiste, prétendait dissoudre la monarchie, au moyen de
la déconsidération des Parlemens. Raspail, dans sa lutte insensée avec les

tribunaux, qui pour résultat logique ne pouvait que lui attirer la désap-
probation du peuple lui-même et les gourmades des prétoriens subalternes ; Raspail n'hésitait point à corroder un principe heureusement impérissable pour se soustraire aux inconvéniens des procès politiques, but
frivole et passager. C'était bien mal choisir son terrain. Le gouvernement, dans les luttes sérieuses, place toujours sa confiance dans le sabre
des prétoriens et dans la juridiction des cours prévotales ; les tribunaux
ordinaires ne sont appelés à faire justice des brouillons que dans le cercle
des prévisions du Code pénal ; la magistrature n'a tué encore que de
folles maximes prétendues subversives qui avaient déjà reçu du bon sens
public leur première condamnation. Cette magistrature savante, trop
chichement rétribuée, est à mon avis une sauve-garde innappréciable, que
les révolutions les plus terribles devraient respecter ; elle est parmi nous
la seule institution plébéienne qui ait jamais fait obstacle à l'ambition du
sacerdoce et des rois. Il faut donc taxer d'erreur folle et coupable, le tribun assez fanatisé pour injurier un aréopage impartial qui n'ayant pas
droit de libre arbitre, ni pouvoir facultatif dans l'administration de la
justice et l'exécution des lois, ne peut faire autrement que de baser ses
décisions sur les codes que la société légale lui a mis entre les mains. Une
nouvelle organisation sociale peut bouleverser de fond en comble toute
la hiérarchie du gouvernement ; mais la magistrature, distincte au fond
du corps religieux et du corps politique, est une arche sainte à laquelle
il faut d'autant moins toucher, que la société est plus instable et plus agi-
tée autour d'elle. Sur ce point encore je me crois meilleur philantrope que
nos prétendus réformateurs. Achevons de dire de quelle façon j'aurais été
meilleur révolutionnaire.

La première chose dont je me serais avisé, pour préparer la bataille
des rues après avoir fait la reconnaissance du terrain, c'eût été de me
présenter à la Chambre des Députés avec une supplique respectueuse,
pour demander au nom des Parisiens égorgés et pillés à toute heure du
jour et de la nuit, que notre belle capitale soit enfin relevée du triste
privilége dont elle jouit, de servir d'asile à plusieurs milliers de malfaiteurs, coupeurs de bourse et de jarrets, malandrins et forçats, la plupart
revenus du bagne trois fois plus scélérats qu'il n'y étaient entrés. Les af-
fidés du gouvernement, prévoyant les conséquences politiques d'une pa-
reille mesure, et animés d'une tendre sollicitude pour les fonds secrets,
attaqués dans leur source, n'auraient pas manqué de faire grand bruit de
prétendues impossibilités : nous aurions tâché de les résoudre, et,
certains d'avoir pour nous la voix immense de toute la population laborieuse et honnête, nous aurions insisté jusqu'au succès. Nous aurions

demandé hautement la condamnation du principe qui place sous une
égide inviolable des êtres abrutis que le fait de leur dépravation juridiquement constatée devrait maintenir hors la loi. A eux seuls nous aurions cherché à faire appliquer la préventivité dont le pouvoir a fait un si
étrange abus comme arme politique. La question posée dans ce parallé-
lisme nous eût fourni ce dilemme irrésistible. Étant donné un larron ma-
nifeste, vivant notoirement de rapines, se vautrant par métier dans le
sang et dans la débauche, ayant avec ses co-brigands des conciliabules quotidiens ; étant le vol personnifié, le meurtre ambulant, l'incendie en tor-
che ; ce misérable doit-il jouir du privilége de vaguer en toute liberté,
sous le frivole prétexte, qu'un texte de loi, singulière loi ! le couvre de
sa protection ; que cette loi n'a droit de l'atteindre que dans le cas de flagrant délit et qu'elle ne peut enchaîner sa main que déjà levée sur une
victime ? Et cela, tandis qu'il est reconnu tacitement que l'insigne
bandit n'a pas un denier qui ne provienne de quelque vol, ne mange
pas une bouchée de pain qui ne soit peut-être le fruit de l'assassinat ; tandis que l'on peut lui dire à chaque heure du jour, sans blesser la vérité :
tu as volé hier, tu dois avoir massacré et pillé quelqu'un dans la matinée,
tu égorgeras, tu voleras cette nuit ; combien as-tu commis de meurtres
depuis six mois? Voilà comment au sein de la plus belle cité du monde
fleurit, à l'ombre de la loi, la tourbe des malfaiteurs, plus nombreuse que
les gueux espagnols et non moins perverse que les mendians et les rou-
tiers de notre moyen-âge. Qu'un désastre public ou une insurrection politique vienne à éclater, la bande infernale, profitant de la circonstance,
dévalisera le Garde-Meuble de la couronne et ce sera le peuple qu'on ac-
cusera, sans réfléchir qu'il faut les affiliations et l'organisation de la cour
des Miracles, pour effacer jusqu'aux moindres traces d'un aussi grand
vol. Qu'un théâtre devienne la proie de l'incendie, comme tout récemment la salle Favart, on verra la cohorte moderne des mauvais garçons,
à la honte éternelle de notre prétendue civilisation, abattre les portes,
saccager les magasins, jeter par les fenêtres hardes et meubles, pendules,
fauteuils, matelas, et consommer un vaste brigandage, à la barbe et sous
les yeux de la police, de la garde municipale, de la garde nationale, de
l'armée régulière, infanterie et cavalerie ; en présence de toute une population en émoi. Hommes du pouvoir, ombrageux, défians, impitoyables,
quand il s'agit de votre fortune politique, vous êtes profondément indifférens, quand la vie et les propriétés des bons Parisiens courent des dangers réels. Si vous soupçonnez un homme, renommé d'ailleurs pour sa
probité, de vous être hostile, cet homme eût-il nom Châteaubriand,
Laffitte ou Berryer, vous violez son domicile, vous brisez les portes **de sa**

maison, vous mettez au grand jour les plus intimes secrets de sa famille, et vous n'hésitez point à placer sous les yeux d'un simple officier de police des lettres saintes, des papiers sacrés qu'on aurait regret de confier au plus vénérable censeur, aux magistrats les plus révérés d'une République. Vous enlevez de son berceau l'enfant nouveau-né. Vous dites à la jeune épouse, mère de la veille, et tremblante de voir autour d'elle et de son enfant les faces patibulaires de vos estaffiers : Sors de ton lit ! Alors des mains qui ont ramé sur les bancs, qui portent encore la cicatrice de leurs anciens fers et la tache indélébile du sang répandu, fouillent en tous sens la couche nuptiale et renversent brutalement le berceau enfantin. Appelez-vous cela gouverner un peuple, hommes de monarchie et de pouvoir?

N'en doutez point, MONSIEUR, une telle pétition, pour laquelle je me ferais fort d'obtenir par centaines de mille les signatures de tous les honnêtes Parisiens qui savent écrire, aurait fini par se convertir en loi. La garde nationale se fût chargée au besoin de présenter notre supplique au roi lui-même, un jour de grande revue. Les bourgeois parisiens, au nombre peut-être de quatre-vingt mille, auraient accueilli par des acclamations les assurances gracieuses du monarque. Et comme il eût été beaucoup plus facile de nous préserver par là des voleurs et des assassins, que de sauver les Polaks ou Polonais du joug des Russes, leurs frères d'origine et même leurs anciens esclaves, tout permet de croire que la nouvelle promesse de Sa Majesté Louis-Philippe, aurait porté ses fruits. La grande ville, dès lors, guérie de ce cancer dévorant, aurait plus librement respiré. La police, elle-même, y aurait gagné de pouvoir vaquer avec moins de distractions à la surveillance d'une population probe et laborieuse en même temps qu'aux soins multipliés de l'inquisition politique. Les vols et les meurtres dont elle ne se serait point mêlée seraient devenus beaucoup plus rares; Paris eût avancé d'un tout petit cran vers ce bienheureux Age d'or, auquel nos coryphées d'Opposition révolutionnaire ne me paraissent pas en train de nous mener.

Ce premier résultat obtenu, la question d'un bouleversement politique n'eût présenté à la bourgeoisie commerçante que des considérations générales, dont elle sera toujours moins frappée que de la crainte de voir mettre au pillage ses chères boutiques et ses riches magasins. — « Messieurs, leur aurais-je dit, ce n'était point le peuple, ce n'étaient point les ouvriers, les artisans, les prolétaires qui étaient des pillards. Les pauvres diables travaillent pour tout le monde, et il ne se trouve pas dans leur poche une pièce d'argent ou de cuivre qui n'ait été légitimement gagnée, qui n'ait donné en échange à la société quelque fruit du travail. Le tendre amour que Sa Majesté Louis-Philippe nourrit au fond de son cœur pour les Parisiens, a fini par débarrasser notre belle capitale du peuple des bandits et des voleurs. Ainsi, dignes bourgeois, plus de guet-apens, si ce n'est à propos de contributions; car les percepteurs d'arrondissement sont inexorables sur ce point. Le budget est un gros vorace qui ne se paie pas d'excuses. Les chiffres votés par les Chambres, sont la traduction mathématique de ces paroles persuasives : La bourse, ou la vie ! Quand c'est le gouvernement qui parle, il faut payer et sans compter. N'eût-on que juste la somme portée au rôle, il faut tout donner; le gouvernement quoique bon larron ne partage pas.

Je me flatte, Monsieur, que ma petite faconde produirait son effet. Les bourgeois commenceraient à m'écouter. Je poursuivrais sur le même ton: « L'époque où l'on donnait aux chiffonniers des poignées de main fraternelles et le titre de cher camarade en révolution... » Mais je vois d'ici les lois de septembre qui dressent leurs longues oreilles à cet exorde promettant.... Je me tais. Je me contenterai de dire ce qu'il est temps de proclamer : c'est que nous autres, écrivains ou meneurs du parti révolutionnaire, nous tournons comme girouettes, au gré de tout vent qui souffle sur nous; écrivant à tort, à travers, agissant de même; toujours instrumens aveugles des intérêts et des passions d'autrui, faute d'esprit, faute de clairvoyance et d'idées : semblables de tous points, à un fat de bonne maison, exploité par des fripons insidieux qui mettent en jeu tous les ressorts de son caractère, excitant tour à tour la vaine confiance ou les faux soupçons, l'amour-propre ou les sentimens violens, pour le mener en dupe et le ruiner complètement. Bien plus habiles, les hommes du gouvernement dont nous sommes les jouets. Nos extravagations philantropiques n'ont pas le pouvoir de les rendre plus humains.; mais ils savent en tirer bon profit : témoin la question du duel.

M. Dupin, mieux que personne, sait quelle étroite analogie il existe entre la peine de mort et le duel envisagé comme loi répressive; il n'ignore point que ces deux expiations déplorables en soi, n'en ont pas moins leur utilité relative, leur nécessité. A cet égard, M. Dupin pense en magistrat qui tient les balances de la justice, et non en prêtre qui prêche le pardon évangélique ayant aux deux plateaux de sa balance religieuse, le Paradis et l'Enfer. C'est au prêtre seul qu'il est permis de dire : Point de bourreau, point de duel; comme il dit chaque jour du haut des tabernacles : La paix soit avec vous.

L'illustre procureur-général veut que justice soit faite sur la terre, et comprend fort bien qu'il est tel outrage dont les tribunaux ne peuvent donner satisfaction. Il n'est pas nécessaire de lui prouver que le scandale des audiences publiques et le persifflage spirituel des gazettes judiciaires, j'allais dire le persifflage immoral, aggravent cruellement des hontes et des ignominies qu'on ne rachète point avec de l'argent. La loi française va me fournir un argument irréfutable en faveur du duel et des priviléges de la vengeance personnelle. Cette loi juste accorde le droit de vie et de mort au mari qui surprend sa femme en adultère flagrant ; mais qu'une barrière écarte son bras, ou que la fuite dérobe le séducteur à son ressentiment, ou qu'il tombe lui-même frappé du premier coup, il n'a plus rien à dire. Est-ce logique? Le mari outragé devait-il donc aller chercher le commissaire de police et des témoins, pour constater juridiquement son infamie? Devait-il afficher sa mésaventure en public, au risque de mille huées, et se proclamer lui-même beau sire, au moyen de cent journaux dans tout l'univers? Tel mari, John Bull, par exemple, traite flegmatiquement le chapitre délicat de la conversation criminelle ; il accepte volontiers, sous forme de dommages-intérêts, le denier de la prostitution de sa femme. Tel autre, moins vil et moins cupide, prend gaiement la chose, en philosophe de vaudeville, et se console avec des couplets ; on l'appelle communément Jean de Paris. Mais tel autre mari qui ne chante pas tous les jours prend l'aventure dans le sens tragique. Peut-on bonnement lui refuser le combat? Et l'époux légitime se trouve-t-il moins outragé, le séducteur moins coupable, dix minutes après le flagrant délit ? N'y a-t-il pas foule d'hommes chez lesquels la soif de la vengeance s'allume plus ardente par l'effet du temps, du souvenir et de l'imagination? La loi française n'a égard qu'à la spontanéité du premier mouvement; et tel homme après avoir dormi sur sa colère, et rêvé de son affront, se lève dominé par une fureur plus indomptable que celle dont il était possédé en se couchant.

Les précédens établis par les derniers arrêts de la cour suprême sont illogiques en un autre sens. ils sont même absurdes; ceci demande à être prouvé. Pour y parvenir, il faut partir de ce fait que les décisions judiciaires et les réquisitoires philantropiques de M. Dupin, n'empêcheront pas plus les duels que les rigueurs des plus grands monarques et les cours d'honneur de nos sénéchaux au moyen-âge ne les ont empêchés. La raison de ce fait est bien simple; je la déduis, en appliquant à la répression triste mais salutaire du combat, ce que j'ai avancé de la peine de mort: c'est un contrepoids essentiel dans une société corrompue. Tout le monde n'a pas, comme l'illustre procureur-général, un carrosse magnifique, quatre laquais, un hôtel de présidence, un fauteuil législatif, une toge éclatante, et cent trente mille francs de traitement annuel, pour se consoler d'un affront et se préserver d'une tache de sang et de boue. Voulez-vous abolir le duel par principe d'humanité? Changez d'abord le droit des gens, abolissez la guerre. Pourquoi le citoyen doit-il prendre le mousquet, à la voix de la patrie et courir aux frontières menacées par l'ennemi? N'est-ce pas pour défendre, avec l'indépendance et la gloire nationale, son droit personnel, son toit, son foyer domestique, sa famille et sa propriété? L'application de ce principe au duel est facile, elle est directe. Quoi! parce qu'un Dey d'Alger aura donné un coup d'éventail sur la joue d'un envoyé de la France, tout fils de bonne mère sera contraint d'aller guerroyer sur la plage barbaresque, avec la chance d'avoir la tête coupée par le cimeterre d'un Kabyle, et les entrailles dévorées par le chacal du désert! Et ce même Français n'aurait pas le droit de taillader à coups d'épée le calomniateur impudent, l'ennemi fangeux qui lui aurait fait endurer un outrage tout personnel? La loi sociale sacrifierait vingt mille, cent mille hommes, un million d'hommes, pour obtenir une éclatante réparation d'un affront imaginaire adressé à la personnalité fictive de l'état; et cette même loi se montrerait inexorable pour flétrir un duel solitaire amené par les sentimens les plus impérieux et par les passions les plus terribles dont l'homme puisse être torturé? Je défie l'illustre procureur-général de répondre à ceci rien de supportable. Oui, le sophiste d'Athènes, et le sophiste genévois ont eu tort, comme l'avocat parisien. L'homme de cœur ne doit pas porter de casque pour préserver sa joue, il ne doit point compter sur la main tardive de la justice; dans un siècle de guerre sociale et de barbarie, son épée lui suffit. La réparation judiciaire, les dommages-intérêts sont dans la plupart des cas un surcroît d'infamie ou une insupportable dérision; et il existe dans les profondeurs immondes de notre société trop de plates figures de fripons qui seraient heureuses de nourrir leur embonpoint avec un revenu d'amendes et de soufflets.

Mettons encore une fois en présence l'amant coupable et le mari trompé. Le combat s'engage loyalement, les chances sont égales de part et d'autre, les juges du camp ont mesuré le terrain; à chacun son arme, et au bon droit la victoire; une égale intrépidité brille dans les yeux des deux adversaires; le ciel ou le sort vont décider. Sonnez clairons! A la garde de Dieu! L'amant succombe... il est mort. Voyez un peu la contradiction; une heure auparavant, la loi eût absous le mari, maintenant elle le condamne : il est homicide, la loi le dit du moins et le condamne comme tel. Autre conséquence bizarre : la famille du séducteur châtié va obtenir des dommages-intérêts; tandis que le tort principal était celui du mort, tandis qu'il y avait également de son côté tentative flagrante d'homicide et préméditation caractérisée. Supposons que le diable triomphe, et que l'amant reste victorieux; cela s'est vu. Même contradiction dans la réparation judiciaire qui dès lors obéit aux chances du hasard. La loi, dit-on, ne s'enquiert pas des premières causes; elle ne voit qu'un fait, un

homme tué. Mettez-en deux si mieux vous plaît, et punissez les deux cadavres ; car vous avez là deux meurtriers dans un guet-apens solidaire.
Qui paiera les dommages-intérêts ? Les deux familles, si vous êtes con-
séquens ; et comme la balance des comptes les rend quittes, reste alors
l'amende du fisc. C'est-à-dire, Monsieur, qu'en abhorrant le duel facultatif, sous prétexte de civilisation, nos légistes philantropes rentrent en
plein moyen-âge et rétablissent en fait le duel légal ; car c'est positivement instituer le duel que d'établir des pénalités au sujet de combats que
l'on ne saurait abolir avant d'avoir changé les principes admis du droit
des gens et le règne de la loi de guerre. Pourquoi donc engager nos Parlemens dans une voie fausse qui compromet l'autorité de leur sagesse ?
Est-ce uniquement parce que M. Dupin n'a pu voir sans une vive frayeur,
briller au dessus de sa tête le glaive de Calpurnius ? Non ; mais la Cour,
profitant de cette circonstance, a voulu préserver ses fonctionnaires des
provocations personnelles qui appelleraient sur eux la responsabilité des
actes dictés par la politique supérieure. Le gouvernement a voulu, que
dans l'accomplissement de ce qu'il appelle devoirs, ses agens, dans toute
la ligne de la hiérarchie, ne pussent jamais être troublés par la perspective importune des coups d'épée et des bourres de pistolet. C'est ainsi
que le pouvoir, sans inquiétude désormais au sujet de l'émeute populaire,
a fini dans son habileté par obtenir les institutions complémentaires qui
rendront les agens de l'administration publique, souples d'une part et de
l'autre audacieux. Beau fruit de notre philantropie déclamatoire !

Quant à moi, si je m'étais trouvé condamné au dangereux honneur
d'être un chef de révolution ; si j'avais eu à grand cœur d'éviter les procès politiques, pour cause d'excitation à la guerre civile ou pour cause
d'insurrection à main armée, je m'y serais pris de plus loin : j'aurais posé
un peu plus habilement qu'on ne l'a fait d'autres antécédens que ceux dont
le gouvernement s'est prévalu. Je n'aurais point perdu mon temps à dé-
clamer contre la peine de mort, à l'imitation de nos philantropes réformateurs ; et je n'aurais point abusé du duel comme certains de nos batail-
leurs politiques, au risque de compromettre dans l'opinion un usage
cruel, mais précieux. Lors de la descente de la duchesse de Berry
en Vendée, je ne me serais point fait le séide de la maison d'Orléans, avec
une chaleur de dupe, contre une princesse aventurière, abandonnée de
tous et environnée de mille trahisons. Ne voyant en elle qu'une jeune
femme égarée par de vils intrigans, trahie par un Deutz infâme, achetée
par un Thiers au denier de six cent mille francs, puis enfermée dans une
forteresse, jusqu'à l'acte final de son ignominie politique ; moi, Républi-
cain, je ne me serais pas fait le champion accusateur de cette chevalière

errante; je n'aurais pas mis flamberge au vent contre un jouvenceau candide, un petit page galant. J'aurais eu regret de faire une saignée à ce
damoiseau, et je ne me serais jamais consolé d'avoir été marqué par son
épée inexpériente. Je n'aurais point donné à un oncle le rare avantage de
voiler sa véritable conduite à l'égard d'une nièce par des airs de bienveillante fermeté; car il n'est pas douteux que notre monarque se soit fait un
grand mérite auprès des puissances européennes d'avoir résisté aux menaces du camp révolutionnaire, qui voulait le contraindre à conduire la
duchesse à Paris, pour lui faire subir un jugement solennel et pour la
faire..... qui sait? décapiter, peut-être! La camarilla du château, que je
soupçonne d'avoir excité en dessous main tout ce beau tapage, a dû s'en
réjouir infiniment; elle a dû, dans le haut Olympe qu'elle habite, se livrer
aux accès d'une gaîté folle, et goûter en s'épanouissant le rire des Dieux,
à l'aspect des airs farouches que nous prîmes en ce temps-là.—« Roi citoyen, criaient de toutes parts nos révolutionnaires : ta nièce est une ci,
une là; elle apporte la guerre civile, elle mérite la mort. Qu'on la juge
donc, qu'elle soit condamnée; la Charte-Vérité l'ordonne, nous sommes
tous égaux.—C'est pardieu vrai, répondit le grand Roi, mes révolutionnaires ont raison ; toutefois je veux résister à l'évidence et brusquer la
logique. Avant tout je serai bon parent, dût-il m'en coûter le trône et la
vie. Point de procès pour un royaume. Qu'on donne à ma nièce nos
meilleurs accoucheurs, et après les relevailles, à la garde de la sainte
Vierge! qu'on la rende à son mari, en lui recommandant d'être plus sage
à l'avenir. Et si jamais mes révolutionnaires se révoltaient... si jamais ils
allumaient dans Paris les brandons de la guerre civile... si jamais!... je
leur prouverai, ventre-dieu, que je respecte la Charte et que nous ne
sommes pas cousins... » Toutes choses qui sont aujourd'hui manifestes.

C'est ainsi qu'en toute affaire, à l'intérieur comme à l'extérieur, la
vieille Opposition, instrument aveugle et passionné, n'a fait que hâter le
triomphe de la dynastie, tout en s'imaginant préparer le sien. La conduite qu'elle a tenue envers l'Espagne depuis 1830, suffirait pour justifier
mon assertion. L'Opposition a demandé et déconseillé tour à tour l'intervention, non point suivant la couleur des bannières sociales, mais suivant
les reflets caméléoniens des portefeuilles ministériels. Elle s'étonnera peut-
être que j'élève contre elle une voix accusatrice. Oyez bien, Messeigneurs.
Je crie pour le sang de trois cents combattans de Juillet, que nos chefs
soi-disant révolutionnaires ont fait couler entre leurs doigts pour le plus
prompt affermissement de la dynastie d'Orléans. Je crie pour ces braves
prolétaires, héros et chers camarades des trois jours, dont on a trouvé
ingénieux d'éconduire la turbulence, en les envoyant de l'autre côté des

Pyrénées, comme de pauvres moutons à l'étal du boucher, sous la conduite d'un intrigant politique de bas étage. Trois cents Parisiens, soldats improvisés, un agent obscur qui s'est tenu loin, et cent mille francs, là où ce n'aurait point été trop de cent mille hommes, du maréchal Soult et de trois cents millions ! C'était une étrange équipée militaire que celle-là, Messeigneurs ! Et vous n'avez pas rougi d'en exhumer scandaleusement le souvenir, comme un engagement pris par le gouvernement envers la révolution espagnole ! Vous avez fait habilement de rester dupes en apparence jusqu'au bout ; et si vous avez été réellement dupes, quels hommes politiques êtes-vous donc ?

Ignoriez-vous que cette poignée de braves aurait contre elle, en arrivant, les partisans de Ferdinand, de Christine et de l'innocente Isabelle ; les partisans de don Carlos et surtout les républiques indépendantes des Pyrénées, c'est-à-dire la Péninsule entière, treize millions d'Espagnols ? Ces bons prolétaires, machiavéliquement abusés, l'ignoraient, eux ! et vous ne les avez point avertis qu'on les envoyait à la mort ; au contraire, vous les avez encouragés à cette folle camisade, exaltés qu'ils étaient encore de leur victoire et de vos louanges. Vous leur avez laissé adjoindre un millier de coupe-jarrets aragonais et catalans ; vous avez laissé mettre à leur tête Mina et quelques officiers obscurs, soudoyés par l'Angleterre. Croyiez-vous donc organiser les Routes et Compagnies ? Est-ce Mina, l'égorgeur des Français, que vous aviez pris pour votre Duguesclin ? Savez-vous bien que tel chef montagnard se fût chargé, avec cinq cents paysans armés de bâtons, de refouler toute cette bande et de la noyer dans l'Adour ? Le langage que vous avez tenu à vos trois cents, n'était pas celui de la vérité. — « Héros des trois grands jours, leur aviez-vous dit, l'œuvre est terminée à Paris, allez porter aux Espagnols la révolution et la liberté. » Singuliers révolutionnaires ! Étranges libérateurs pour un pays ennemi ! Là-dessus, sans autre renfort que vos belles phrases, vous avez poussé par les épaules ces pauvres prolétaires fanatisés, vous leur avez fait faire trois cents lieues pour les précipiter du haut des Pyrénées dans le cercueil des armées impériales, dans le tombeau de la gloire de Clotaire, de Charlemagne et de Napoléon !

Il faut rendre cette justice aux enfans de Paris, qu'ils allaient là de la meilleure foi du monde, croyant faire aux Pyrénées la même chose qu'aux barricades de Juillet ; ils étaient confians et joyeux, ils se battirent comme des lions. Mais vous a-t-on appris, Messeigneurs, ce que les jeunes sentinelles espagnoles, postées sur la Rhune et dans le Valcarlos étaient allées dire à leurs chefs ? — « Voici venir la plus drôle d'infanterie qu'on puisse voir ; quelques-uns, habillés comme des Gascons, portent sur leur chapeau les numéros de papier de trois régimens, 27, 28, 29. Les autres sont tout couverts de guenilles; ils ont plutôt mine de larrons et de mendians que de soldats. Que diable viennent-ils faire en Navarre? » Ceci se disait dans la vallée de Roncevaux, menacée, si le mot n'est pas trop bouffon, par le pauvre Chapalangarra.—« Or sus, jeunes volontaires, répondit Erazo, colonel alors des milices du Roncal ; munissez-vous de cordes, préparez des nœuds coulans, et haut la carabine ! Je vous recommande cette poignée de maraudeurs, et que pas un seul n'en échappe! Le fer ou le plomb. S'ils prennent la fuite, vous avez l'agilité du cerf et vous n'aurez nulle peine à les atteindre ; point de quartier, aussitôt pris, aussitôt pendu ; courez, vive Ferdinand ! » Ainsi dit, ainsi fait. L'exécution du Valcarlos ne dura pas vingt minutes.

Mina lui-même, après avoir vu détruire à Véra toute sa bande, s'évada seul, je dis tout seul; et dans ce jour le vieux renard soutint l'une des plus rudes chasses qu'on lui eût encore données. Arrivé sur la frontière française, il se jette harassé dans un bain; le général avait fait à pied dans sa fuite quinze lieues de poste, en circuits et détours, sans prendre aucune nourriture ; la fatigue avait rouvert ses anciennes blessures. Mais voici qu'à peine entré dans le bain, il fut contraint d'en sortir au plus vite. Les Navarrais le poursuivaient encore; cinq minutes de plus et il était capturé, pendu, étranglé net, comme traître et malandrin; ce fameux Mina qui chez le même peuple et dans les mêmes vallées, durant les guerres de l'indépendance nationale, avait vu bivouaquer autour de sa tente quarante mille guerilleros dévoués ! De tels rapprochemens portent avec eux la lumière. Nos Basques de France haussaient les épaules, hochaient de la tête et clignaient des yeux. L'infanterie de ligne et la garde nationale des villages circonvoisins s'étaient avancées, par ordre, jusqu'à l'extrême frontière, pour assister l'arme au bras au dénouement de cette singulière expédition. Leur intervention sauva quelques-uns des combattans de Juillet de la furie moqueuse des Hauts-Navarrais, qui les poursuivaient la corde à la main bien au-delà des limites.

Le sort de ces braves prolétaires, indignement abusés, n'est pas sans quelque analogie avec celui de l'héroïque légion française-algérienne, qui a péri presque en totalité de la main des guides et des lanciers de Navarre. Les survivans diront ce que pouvaient contre de tels hommes et dans un tel pays, quelques centaines d'ouvriers parisiens, soldats inexpériens. L'impuissance honteuse à laquelle Mina s'est vu réduit plus tard en Navarre, quoiqu'il eût avec lui quatre-vingt mille Castillans de troupes régulières et l'argent venu de France, achèvera de confirmer la vérité de mon témoignage. Mina défendait en dernier lieu les intérêts de la fille de ce même Ferdinand, dont il avait précédemment tenté de bouleverser la monarchie, à l'aide de trois cents Parisiens et de six cents miquelets espagnols. Je ne dirai rien de la légion auxiliaire anglaise et de cette orgueilleuse marine royale, qu'on a vu plier, au nombre de plus de 10,000 hommes, non pas une seule fois mais cinq fois de suite, au choc impétueux d'un seul bataillon navarrais, commandé par le brave Sagaztibelza; le tout sous les yeux d'une population innombrable accourue à la frontière, sous les yeux et pour la grande jubilation de l'armée française, qui applaudissait avec transport, riait aux éclats et battait des mains. Le deuil et la honte des Anglais me touchent faiblement; c'est pour les trois cents prolétaires parisiens, entraînés à leur perte trop bien prévue, que j'élève aujourd'hui la voix. Coryphées d'Opposition, vous avez trempé les mains dans ce baquet avec le ministère; vous avez tressé des lauriers anticipés, et quels lauriers! aux victimes d'une immolation dynastique et d'un noir sacrifice! Est-ce donc ainsi que vous mesurez le sang humain?

Envisageant la question espagnole sous un point de vue plus général, je découvre que l'Opposition révolutionnaire s'est exposée à des reproches mérités. A moi qui, sans autre mobile que celui de la vérité, m'étais mis en frais de voyage et m'étais fait jour à la lueur de l'incendie de Lekaroz jusqu'à Zumala-Carreguy; après avoir levé l'étendard contre le clergé catholique et soulevé contre moi tout homme imbu des idées du royalisme et de la légitimité; après avoir bu dans la même coupe hospitalière et couché dans le même lit que les chefs des Juntes insurrectionnelles, il doit m'être permis de dire hautement, comme à mon retour de la Navarre : L'Opposition révolutionnaire a mis dans son appréciation des événemens qui agitent la Péninsule une mauvaise foi révoltante, ou elle a fait preuve de la plus crasse ignorance, relativement à l'histoire, aux mœurs, aux intérêts et aux vœux politiques d'un peuple qui est à nos portes, qui fut long-temps notre plus fidèle allié et qui compte parmi ses rois plus d'un ancien roi de France, Philippe, Charles, Louis. Mais l'opinion, mieux édifiée, savait parfaitement ce que les journaux de l'Opposition révolutionnaire affectaient de lui cacher, avec la duperie aveugle qui est le cachet de leur rôle politique; l'opinion était instruite qu'au fond de l'insurrection des provinces basques, se trouvait une question d'indépendance et de nationalité; même, il n'est pas trop tard encore pour apprendre à nos ignorantins de journaux, que durant les guerres napoléoniennes les Juntes de la Navarre et de la Cantabrie avaient signé un pacte portant que les Basques transpyrénéens demanderaient leur aggrégation à la France, plutôt que de subir la fusion dans l'unité de la monarchie castillane.

M. Thiers, qui s'est fait l'apôtre de l'intervention, ne peut avoir oublié ce qu'il a écrit dans sa grande histoire , que la Castille gouvernée par un Bourbon se montra la plus fidèle et la seule alliée de la République française, depuis la paix de 95. Je dirai bientôt le rôle que les Basques des deux royaumes jouèrent, les armes à la main, durant l'ère jacobine; provisoirement, je me contenterai de dire que le drapeau nominal de don Carlos, vain épouvantail évoqué par les interventionistes, ne doit point servir de prétexte à une résolution impolitique, dont les résultats seraient pour la France sans fruit et même désastreux. L'influence sacerdotale, la faction russe et le despotisme monarchique sont des ennemis que l'Opposition révolutionnaire devrait se donner la peine de combattre et de vaincre dans Paris même, si elle l'ose, si elle le peut, avant d'aller les chercher de l'autre côté des Pyrénées , où peut-être elle ne les trouverait point. Je lui conseille de ne pas aller guerroyer , en pays inconnu pour elle , à titre d'auxiliaire bénévole de la maison d'Orléans, qui, sous prétexte de théories parlementaires, de Chartes et de Constitutions mirifiques, ne manquerait point de travailler à l'œuvre politique de son agrandissement. L'intervention entreprise pour la gloire de la liberté constitutionnelle et de la grande unité espagnole , pourrait fort bien se terminer par une scission qui aurait l'Èbre pour limite , et qui placerait la Biscaye sous la protection de la France , après avoir relevé à Pampelune , en faveur du duc de Nemours, l'ancien trône de Jean d'Albret et de Catherine de Foix, duchesse de Nemours; trône usurpé , conquis ou accepté par Ferdinand-le-Catholique à la faveur des discordes qui divisèrent ce petit royaume en deux partis, celui des Beaumontais et celui des Agramontais. Tout le fruit que l'Opposition révolutionnaire retirerait de ce dénouement, imprévu comme tant d'autres, serait d'apprendre un peu d'histoire qu'elle ignore, et d'ajouter un chapitre de plus au manuscrit déjà fort gros de ses désappointemens politiques.

De croire que la coalition septentrionale et les puissances d'outre-Rhin prendraient fait et cause pour don Carlos, et tenteraient en sa faveur ce qu'elles n'ont osé ni voulu risquer pour Charles X et le duc de Bordeaux, c'est là une de ces illusions dont on ne peut se repaître que dans les bureaux de nos journalistes d'Opposition. Le pacte perfide qui unissait aux Légitimistes de France et de Castille les Barbares d'outre-Rhin, est, à mon avis, rompu sans retour. Si les intérêts de la dynastie d'Orléans s'opposent actuellement à ce que la maison d'Autriche se relève , les projets ambitieux du Czar seraient un plus grand obstacle à cet événement; les Légitimistes eux-mêmes comprennent ceci ; les hommes les plus clairvoyants du parti ont sondé toute la profondeur de la situation. Il suffit , pour s'en convaincre, d'entendre murmurer dans les colonnes de la *Quotidienne,* sous le voile transparent d'une modération diplomatique, commandée par la faiblesse et l'isolement du parti, le grondement involontaire d'une indignation secrète et d'un mécontentement mal déguisé.

Il y a de cela trois ans, nos Légitimistes avaient hardiment annoncé que don Carlos, maître d'une seule ville, serait reconnu par les puissances du Nord; futile espérance! vaine prédiction! Les montagnards victorieux ont sillonné la Castille par l'ouest avec Gomez, par l'est avec Villareal; ils ont promené leurs bagages enrichis dans les rues de Séville et de Cordoue; ils ont arboré sur les clochers des capitales le drapeau de l'insurrection, et la Castille est restée morne, le Nord indifférent. Les lanciers de Navarre se sont postés sur la route d'Aranjuez, à trois petites lieues de Madrid, le fer au poing, l'insulte à la bouche; et presque sous les balcons de Christine, qui a pu les voir et les entendre, ils ont provoqué au combat tous les preux de l'innocente Isabelle. Les montagnards n'étaient que quatre, ils faisaient caracoler chacun son rubican, depuis le lever du soleil, donnant pour lice poudreuse aux Castillans toute la longueur du chemin royal; et quand les héros de la Manche sont venus en foule à leur rencontre, mes lanciers les ont poursuivis le fer dans les reins, ils leur ont, ma foi, coupé les oreilles. Ce que je raconte est littéralement vrai. Donc, on ne peut dire que les fuyards rentrèrent dans Madrid les oreilles hautes, puisqu'ils les avaient saignantes et coupées. Aujourd'hui les bataillons insurrectionnels revenus aux Pyrénées, se délassent en grande partie dans leurs foyers, et l'abandon des puissances d'outre-Rhin n'est peut-être pas le seul que don Carlos ait encouru.

Les négociations entamées à tout événement, dès l'année 1835, avec le prétendu Prétendant, par l'intermédiaire du général Harispe et qui étaient en bon train lors de mon voyage, me donnent la certitude que Louis-Philippe n'aurait rien à craindre de l'avénement de don Carlos au trône de Castille. L'état de désorganisation dans lequel le cabinet des Tuileries a su jeter l'Espagne et la nécessité où se trouverait cette dernière de cicatriser les plaies profondes qu'on lui a faites, sont des gages de sécurité pour la dynastie d'Orléans. Je ne mets point en ligne de compte les relations qu'elle est parvenue à nouer avec quelques-unes des puissances du Nord. Abstraction faite de toutes ces garanties, on peut affirmer que la branche cadette des Bourbons n'a point à craindre des ennemis bien formidables dans la famille des Bourbons espagnols, qu'un esprit de sagesse et de modération avait fait alliés de la République et des Jacobins. Par conséquent, un intérêt tout dynastique et tout personnel aura seul le pouvoir d'engager Louis-Philippe à courir les chances d'une intervention ou d'une occupation militaire. M. Thiers qui rêve du télégraphe et songe des fonds secrets, jouerait probablement dans ce cas jeu double à bon escient, ou malgré lui. Le parti de la révolution, qu'il a fait mitrailler aux bords de la Seine, doit être simple d'esprit au degré sublime, pour espérer que M. Thiers ne ferait pas plus beau marché de ses destinées sur les rives de la Bidassoa. Heureusement que l'intervention française et l'occupation militaire ne sont pas encore de saison. Certaines complications politiques doivent disparaître sous le cours du temps, avant que Louis-Philippe songe sérieusement à l'accomplissement de ses projets. L'affermissement de la dynastie à l'intérieur absorbe encore trop de millions, sans compter l'occupation de l'Algérie et d'autres dépenses prévues, pour que l'on ose agrandir sitôt le cercle des prodigalités du budget. La prudence politique, la disette d'argent, qui se fait sentir à la dynastie au sein même de l'abondance, enfin des périls réels résultant de la situation de l'Espagne, empêcheront encore de long-temps soit une intervention générale, soit l'occupation partielle des provinces basques. Les conquêtes de Napoléon et le souvenir d'un joug glorieusement brisé ont allumé dans les ames espagnoles une exaltation haineuse contre tout ce qui porte le nom français ; la Péninsule ne serait aujourd'hui ni froidement intrépide, ni austère et bienveillante, comme au temps des Jacobins et de la République; la guerre se rallumerait avec plus de fureur peut-être que sous la domination éphémère de Napoléon. Les maréchaux du grand homme sont là pour dire que durant les luttes de l'Indépendance les seules provinces basques ont dévoré pour leur part plus de cent cinquante mille hommes de troupes réputées invincibles, au point que les Français, dans l'impossibilité de tenir la montagne contre les Basques irrités, dûrent se borner à l'occupation des villes et des grands chemins. Ce n'est point le maréchal Clausel, ce n'est pas le duc de Dalmatie qui conseilleraient à Louis-Philippe une intervention dans la Péninsule, terre dévastée, où l'on ne trouverait plus ni lingots d'or, ni précieux tableaux, mais les épidémies dévorantes, l'assassinat organisé, la mort hideuse avec toutes ses faces, et peut-être de honteux revers avec les fléaux sans nombre dont le cortége les suit. Le maréchal Soult lui-même aurait peur aujourd'hui de l'intervention, et pourtant les Ibères modernes savent que le sabre cruel du vieux capitaine a pris dans cent batailles une autre trempe que la ridicule épée de parade du petit Roland-Foutriquet.

L'intervention faite en Navarre et dans le Guipuskoa, sous les ordres d'un dauphin de France, il y a trois siècles, est un point d'histoire que la vieille Opposition ferait bien de méditer. Je ne sais si le jeune duc d'Orléans actuel serait prêt à recommencer le rôle de François Ier; j'ignore de quoi le duc de Nemours, revenu couvert des lauriers de Constantine, serait capable sous les murs de Pampelune ou de St-Sébastien , et je cherche dans mon esprit quel serait le seigneur La Palisse de la nouvelle expédition. Un fait avéré pour moi, c'est que toute incarnation politique est fidèle à ses origines et à ses antécédens. Le duc de Nemours peut bien songer à continuer après trois siècles la maison d'Albret et de Foix, mais très certainement M. Thiers n'est pas de taille à se poser en Lautrec ou en duc de Valentinois. Ce n'est point l'intérêt de la propagande révolutionnaire , ni même celui de l'agrandissement de la maison d'Orléans , qui touchent le plus vivement M. Thiers ; il se moquerait très fort de voir l'Espagne couverte de monceaux de cadavres français, pourvu qu'il se donnât le ravissant plaisir de grouper des chiffres, en jouant au télégraphe avec la dextérité merveilleuse qu'on lui connaît. Sous ce rapport, il a raison de prêcher l'intervention , à tout risque ; les loups-cerviers de la haute finance et de la Bourse en profiteraient avec lui, et ne seraient peut-être pas les seuls qui abaisseraient mystérieusement les mains pour pêcher en eau trouble : chacun prendrait sa part du butin. Dans cet âge heureux de liberté constitutionnelle , la féodalité de la haute banque et des finances dépouille impunément les populations, au moyen de la glèbe régulière des emprunts publics. Les Juifs règnent en Occident ; les chefs d'empire tiennent comptoir de banque. Nous assistons à un superbe commerce de révolutions, dont le journalisme est l'entremetteur gagé, le courtier misérable ; dont le télégraphe est le symbole, notre Bourse le temple, et le Veau d'or le Dieu. Les états correspondent entre eux ; on fait régulièrement échange de nouvelles fantastiques, on s'adresse journellement des commandes réciproques de denrées monarchiques ou révolutionnaires ; on porte en ligne de facture les fournitures d'émeute et on cote suivant le tarif du jour les insurrections confectionnées sur ordre et sur avis. Chaque maison et nombreuse compagnie prospère mirifiquement. J'ignore combien de temps encore ce trafic politique , cet agiot du sang humain peut durer. Sans me prononcer sur la question, j'y trouve une nouvelle confirmation d'une vérité lamentable, que je voudrais écrire sur la voûte du firmament en grandes lettres de feu : Tant que les populations n'auront pour sauvegarde que des rhéteurs clinquans , des journalistes ignares et d'imbéciles démagogues, elles auront beau se retourner en tout sens , elles seront le jouet des divinités malfaisantes , qui n'auront qu'à se baisser pour tout prendre, sang et or.

Qu'il parte donc un beau matin, le petit Roland-Foutriquet, qu'il s'en aille escalader les montagnes de la Navarre ! Je me charge de faire le poème de cette brillante expédition. Mon rythme sera le vers huit-syllabique. Le Charlemagne de mon poème est tout trouvé, les Ganelons perfides ne manquent pas, et Talleyrand sera mon archevêque Turpin. Je prendrai enfin le pipeau satanique des malins improvisateurs, à la place de la lyre des Bardes chantres du soleil. Je dirai comment le petit Poucet, ayant voulu à Roncevaux soulever la lourde épée du comte d'Angers, tomba dans la grande botte du paladin français : nobles trophées quelque peu suspects, religieusement conservés par nos bons et joyeux Navarrais. Je dirai comment le Foutriquet, enseveli dans ce profond abîme, eut beau crier, eut beau agiter en l'air son petit claque à panaches, sans pouvoir se faire entendre ou apercevoir de son armée qui le cherchait partout. Je dirai aussi aux siècles à venir comment il fut sauvé, comment il soutint dans la vallée un grand combat. Je peindrai les deux hautes montagnes, sentinelles atlastiques dont les larges épaules resserrent le ravin du Valcarlos. Je raconterai comment la nuit s'étant épaissie un guérillero insolent, posté dans cette sombre et ténébreuse avenue, fit voir à Foutriquet, ô stupeur! Grandvaux dans Roncevaux, à la clarté de deux torches de résine !...

Écartons ces drolatiques misères. Il n'y a point de ma faute, Monsieur, si je tombe dans d'ignobles plaisanteries. Ma gaîté n'est que trop forcée, il y a du sang dans mes prunelles et mon rire est amer. Hâtons-nous d'évoquer d'autres images et d'autres souvenirs. Nous sommes toujours dans les Pyrénées occidentales; seulement ce n'est ni Charlemagne, ni Louis-Philippe qui règnent dans Paris, mais la République. La guillotine est en permanence, la terreur, comme un monstre insatiable, se repaît de victimes humaines; le drapeau national, glorieusement déployé sur toutes les frontières, cache aux yeux de l'étranger ces horribles scènes d'anarchie et de désordre intérieur. Si le journalisme quotidien constituait un enseignement organique, ayant une responsabilité morale en rapport avec son influence passagère, ce serait ici le lieu de lui rappeler les lignes qu'il écrivit pendant la guerre des Pyrénées occidentales jusqu'à la paix de 95. On y voit avec quel enthousiasme l'armée jacobine admit dans ses rangs les auxiliaires belliqueux qui lui vinrent des provinces basques; avec quelle admiration elle regardait les montagnards bondir sur les rochers des vallées natales, et, toujours les premiers, courir à la victoire en poussant des cris sauvages, heureux et fiers de faire éclater aux yeux des Français l'indomptable valeur des anciens Cantabres, jusqu'à faire dire au descendant de Turenne, au premier Grenadier français, Latour-d'Auvergne : Que ne suis-je né Basque ou Navarrais! On y verrait encore un jeune Représentant du peuple déclamant, une pique à la main, au haut des Pyrénées, avec autant de grace que d'énergie les vers écrits à la gloire des Basques par Horace et par Juvénal : *Nobilis ille populus......... indoctus juga ferre.....*

Les officiers français qui prirent part à ces combats, les plus poétiques de l'époque, nous ont légué leurs *Mémoires*. Là encore, on voit avec quel enchantement les phalanges de la République descendirent dans la riante vallée du Bastan ; avec quelle surprise mêlée de joie, elles se répandirent au milieu de cette population si belle et si patriarcale, dans cette florissante et pittoresque Biskaïe que M. de Chateaubriand compare à un jardin. L'histoire nous montre bientôt l'infanterie castillane obligée de prendre ses retranchemens de l'autre côté de l'Ebre, du jour où les hommes libres de la Cantabrie et les Français qui se paraient de ce beau titre eurent fraternisé sous le chêne de Guernika. Les guérillas et plus de trente mille volontaires des provinces rentrèrent paisiblement dans leurs foyers. Alors, tandis que la guerre se prolongeait dans les Pyrénées orientales avec des chances défavorables aux Français ; tandis que de gigantesques batailles ensanglantaient les Alpes, l'Italie et le Rhin, la petite armée des Pyrénées occidentales goûtait dans les provinces basques les douceurs d'une profonde paix. Les héros jacobins, se promenant gravement dans les rues de Saint-Sébastien, mangeaient avec une frugalité toute lacédémonienne le pain noir de la République, sans toucher au pain blanc, fruit des riches moissons de la Biskaïe, étalé sur un linge éblouissant de propreté dans les boulangeries de la ville. Ailleurs, dans l'intérieur des vallées, les paysans français, bretons, normands, lorrains, picards, champenois, auvergnats et poitevins, serfs nouvellement émancipés, participaient en costume de guerre aux fêtes séculaires d'une race libre. Plusieurs briguèrent l'honneur d'obtenir pour femmes les belles jeunes filles du Durango. Puis, quand une épidémie mortelle vint exercer de cruels ravages au sein de l'armée, les soldats malades furent soignés sous le toit patriarcal du Biskaïen comme des enfans de famille, et les femmes leur apportèrent, durant leur convalescence, les fleurs du jardin, les fruits du verger.

Les souvenirs exaltans de la guerre de l'Indépendance et de l'insurrection glorieuse à laquelle Zumala-Carreguy donnera son nom dans l'histoire, sont destinés à influer d'une manière décisive sur l'avenir politique de la Péninsule ; et je crois pouvoir prophétiser que ce beau pays bannira bientôt de sa chronologie l'ère vieillie de César, pour lui substituer l'ère cantabrique de la liberté. Quelques-uns de mes lecteurs n'auront peut-être pas oublié la nuit de Lecumberry et l'entrevue de l'Orphelin politique avec l'homme à grande épée. Voici ce qui fut dit au chef de la Montagne : « Général, si le drapeau tricolore, livrée de la maison d'Orléans, franchit la Rhune, arborez le drapeau rouge et noir : ce sont les couleurs du Cantabre et du Navarrais. Ne balancez pas. Les bateaux anglais sauveront le Prétendant. Que nos jeunes filles les plus belles se couronnent de fleurs ;

qu'elles aillent danser eu chantant sous le canon français. Que nos guérilleros intrépides, la carabine sous le bras, le verre en main, en signe de paix et d'alliance, marchent à la rencontre des Teutons. Si le canon gronde, si la mitraille décime nos rangs, avançons toujours, agitons un rameau de chêne. Vive la liberté! Les Gallo-Francs portent encore au front les cicatrices de notre hache-d'armes. Ils nous ont trouvés vaillans pendant des siècles, nous leur apparaîtrons sublimes et ils nous tendront les bras. Voyez-vous ce météore précurseur qui s'élève plus haut que les Pyrénées? Aquitains et Vascons sont réunis; nous savons les chemins de l'Auvergne et du Lyonnais. Les Basques n'ont-ils pas défendu jadis Clermont contre les Carlovingiens? et plutôt que de se rendre, les héros de la Montagne ne s'entretuèrent-ils pas sur les remparts embrasés? ne se précipitèrent-ils pas en hurlant dans les flammes de l'incendie? Souvenirs de gloire et de liberté, nous vous retrouverons! Les chants antiques des Bardes de la Cantabrie se mêlent à l'hymne récent du Marseillais. Un drapeau tombe du haut des Alpes dans l'Italie. La France entière se lève avec transport. Une marche triomphale nous conduit à Babylone. C'est la vision d'un prophète, et maintenant viennent les Barbares. Tout est prêt! »

'Vous voyez, Monsieur, que l'intervention française en Espagne n'a point en moi un adversaire systématique, et qu'il m'est permis de dire, à propos de cette question importante : *Sic et non*, c'est selon. J'ai voulu seulement faire entendre que M. Thiers, Louis-Philippe, les loups-cerviers de la Finance, le Pape et le clergé, le Czar et les Légitimistes, ne sont pas les seuls au monde qui pensent sérieusement à leurs affaires. Quant à notre Opposition, soi-croyant révolutionnaire, il est clair qu'elle ne voit goutte dans les siennes, à la grande risée de ses ennemis, et au profond désespoir des hommes de sens que leurs convictions condamnent à s'attacher à la queue de nos Aliborons politiques fort peu dignes, selon moi, de traîner le char du soleil.

Cette transition me conduit, Monsieur, à traiter la question du journalisme. Aussi bien c'est la dernière qui me reste à fouiller pour arriver à la conclusion de cet écrit. S'il était malheureusement prouvé que la presse quotidienne soit organisée plutôt pour achever de perdre la Révolution que pour lui laisser une dernière espérance, j'aurais le droit d'écrire avec un ciseau de fer, sur une table d'airain, que les hommes et les choses, tout a concouru jusqu'ici pour faire de notre parti misérable la proie des ennemis acharnés contre lesquels nos chefs avaient la prétention de savoir guerroyer.

Je n'entends parler ici que du journalisme politique. Je mets en dehors de mon examen les hommes d'art et de poésie littéraire qui ont eu le malheur de s'enfermer dans cette cage obscure, et de se poser avec un brillant plumage sur un sale perchoir indigne des oiseaux chanteurs, fils de l'air et du ciel. Imaginons un instant que les pensées divergentes de la presse politique fussent traduisibles en langue musicale, et que chaque idée représentée par le son d'un instrument pût faire entendre une note distincte dans le concert du siècle : je soutiens, pour ma part, que ce serait une mêlée étrange de bruits discordans, un tapage bizarre, infernal, capable de rendre fou tout homme doué par la nature d'une oreille sensible et d'un tympan délicat. Ce n'est point que de cet orchestre babélique il ne s'élève par intervalles des sons harmonieux, de savans accords, de suaves murmures ; mais ces accens aériens, ces divines mélodies, se perdent dans les plus hautes régions de l'intelligence ; le parlage assourdissant du journalisme quotidien couvre la voix des génies solitaires qui chantent près du soleil l'hymne orphique de la civilisation.

Je suis néanmoins prêt, si on l'exige, à confesser que les idées de nos rhéteurs politiques charment par la lucidité, ravissent par leur profondeur. Je sais tout ce que nous devons de reconnaissance à ces mortels précieux qui daignent apprendre soir et matin aux Français comment ils doivent respirer et penser, manger et boire, veiller et dormir ; je m'avoue, en tremblant, que si ces Messieurs avaient la cruauté d'abandonner la tâche que leur dévouement s'est imposée, le plus spirituel et le plus grand des peuples ne pourrait guère subsister plus de vingt-quatre heures. Cela posé, je me permettrai d'insinuer que si les idées des journaux politiques sont incomparables, leur style quelquefois ne l'est pas moins. Et si jamais nous prenions de petites balances pour peser leurs plus grandes phrases, nous trouverions de combien elles sont loin de poids, et combien le bon or, le vrai diamant, diffèrent de l'oripeau terne et du clinquant passé.

Les journalistes sont les Barbares de la littérature ; ils ont fait leur conquête d'invasion, ils ont partagé le champ de la pensée, et Dieu sait que ce n'est pas pour le rendre florissant. A nous pauvres auteurs, humbles serfs et vassaux de leurs seigneuries, il nous est interdit d'en cultiver le plus petit coin, si ce n'est à titre de fief relevant de leur bon plaisir. La tactique du journalisme quotidien consiste à personnifier en lui tout ce qui est presse et littérature. Il persuaderait volontiers au public qu'il est seul à penser et à écrire sous le ciel. Je ne doute point qu'il nous l'aurait affirmé déjà, sans l'arbitraire fiscalité de ses annonces, et l'impôt onéreux qu'il prélève sur toutes les productions de l'esprit. Le journalisme étend son empire sur toutes les heures du jour et de la nuit, sur tous les âges de la vie ; le journal des enfans à la mamelle ne peut tarder à paraître ; bientôt nous verrons le journal des vieillards et des agonisans, en attendant le journal des morts. Il est vrai que ce dernier deviendrait une superfluité en présence de cinq journaux actuellement existans, qui pourraient prendre le même titre. Semblables aux preux chevaliers qui se couvraient d'armures impénétrables, pour briller dans les joutes et les tournois, MM. les journalistes politiques n'ont garde de se faire entre eux une guerre sérieuse; la parade finirait trop brusquement. Ils ne se battent qu'à armes courtoises. Si quelque mal avisé se présente dans la lice, brandissant un fer acéré, il doit s'attendre à voir se réunir pour l'accabler tous les tenans et poursuivans de la passe-d'armes. A vrai dire, le journaliste politique tient plus du moine que du preux chevalier; il s'est fait prêtre et parle gravement de la dignité de son sacerdoce. Il adore plusieurs Dieux; je laisse à deviner lesquels. Chaque abonné contribue, pour ses quarante ou soixante francs par an, aux frais du nouveau culte. Le journalisme baptise les nouveau-nés de la littérature, régente les vivans quand il l'ose, enterre les morts. Il a un tarif où sont cotés par sous et deniers les prix des cierges qu'il brûle, des bannières qu'il déploie, et des croix qui figurent dans ses pompes. Le journalisme fait aujourd'hui son moyen-âge, en attendant son 89, qui nous restituera le droit commun de la pensée, en brisant cette féodalité de fraîche date.

L'église du journalisme fut bâtie sur le sable, il y a de cela quelque trente ans; elle se croit éternelle et se dit infaillible. Je trouve, pour ma part, qu'elle me vend ses indulgences un peu trop cher. Les sectes qui la divisent ont arboré des bannières fort différentes en couleurs, je ne veux pas dire les devises. De l'argent pour nous et pour nos amis : quant à la liberté, quant à la révolution, que la volonté de Dieu soit faite. Amen.

L'argumentation, l'ergotage et le sophisme constituent la lumière du journalisme quotidien; il ne reconnaît point de symbole unitaire, et par conséquent il ne peut exister d'hérésie devant lui. D'où vient donc que son intolérance est plus âpre et plus cruelle que celle des églises religieuses, dès qu'on a la hardiesse extrême de révoquer en doute l'efficacité de sa parole, d'attaquer ses prérogatives, ou de fronder ses abus? S'imaginerait-il avoir immobilisé à son profit la foi des peuples? La confiance de ces Messieurs-là, si tant est qu'elle soit sincère, est chose mirifique; ils bravent les portes de l'enfer; mais le diable est malin, quoiqu'ils ne le craignent guère. Tel récite *Matines* pour nous réveiller, tel autre chante *Vépres* pour nous endormir; tous en chœur disent *Complies* dans le silence d'une profonde nuit.

Voilà, MONSIEUR, quelques-unes des choses que l'on peut dire du journalisme politique en général; un beau matin peut-être je dirai le reste, et ce sera tout. Venant au journalisme révolutionnaire et à la presse quotidienne d'Opposition ; j'aurais beau jeu contre cette dernière, s'il ne me répugnait trop d'imiter la mauvaise action de Cham, en dévoilant la nudité de cette vierge des cabinets de lecture qui n'a point encore enfanté de Rédempteur. Il me suffira, pour atteindre le but que je me propose dans cet écrit, d'indiquer en passant certaines vérités dont le simple énoncé fera ressortir l'évidence, et d'aligner avec accompagnement de chiffre ordinal plusieurs réponses bonnes et péremptoires à cette intéressante question : Pourquoi la presse quotidienne, de toutes les nuances d'Opposition, organisée comme nous la voyons, est-elle et sera-t-elle toujours un élément parasite, sans action efficace, un obstacle enfin, plutôt qu'un véhicule, pour l'accomplissement d'une révolution civilisatrice?

1° Parce que la presse de l'Opposition n'a point l'ombre d'une doctrine ou d'une lumière sociale, pas plus qu'elle n'a d'organisation hiérarchique; et que, dès lors, c'est vraie folie de sa part de prétendre usurper l'initiative de l'enseignement et de la reconstitution des peuples.

2° Parce que l'existence de tout journal quotidien, reposant sur un privilége pécuniaire, constitue un monopole sans droit; de telle sorte que le premier cuistre venu qui achète un prospectus, mendie les subsides du pouvoir ou séduit avec l'appât du dividende un nombre suffisant d'actionnaires, devient le chef visible d'une secte politique, destinée le plus souvent à propager effrontément le mensonge et l'erreur.

3° Parce que toutes ces gazettes quotidiennes se bornant à la triture misérable des questions politiques, suivent à la remorque les journaux du pouvoir, et obéissent fatalement à la marche des événemens, sans avoir par elles-mêmes une action dirigeante et personnelle.

4° Parce que dans cet état chronique de servitude morale, le journalisme de l'Opposition, accablé sous le poids toujours plus écrasant des victoires du pouvoir, se traîne, réduit à la plus triste impuissance, et répète à satiété ses plus pauvres logomachies; semblable, en ce point, au chien maigre, qui dévore sans répugnance les alimens qu'il avait rejetés.

5° Parce que la semence qui a été broyée dans une poussière aride, sous les pieds des passans, ne produira jamais de moisson, et que les oiseaux de rapine eux-mêmes ne voudraient pas de ce mauvais grain pour nourriture.

6° Parce que la prédication du journalisme quotidien et les voix mensongères de cette presse fille de *Babel* n'ont rien de commun avec un enseignement évangélique, et sont la plupart du temps un écho bruyant et trompeur des oracles calculés de la Bourse et des tripots financiers.

7° Parce que le journalisme de l'Opposition, se restreignant à la défense des intérêts matériellement politiques, arme tous les intérêts hostiles contre soi.

8° Parce que le journalisme de l'Opposition, avec cette folle tactique, institue la guerre éternelle des forces qui sont en présence, et perpétue la lutte anarchique qui tourmente nos sociétés. Et nous avons assez prouvé dans tout le cours de cet écrit qu'au milieu de ce conflit brutal, la force réelle de l'Opposition révolutionnaire battue en brèche et tenue en échec par des adversaires puissans, se réduit en principes, en hommes et en choses, moins le peuple désarmé, à rien ou presque rien.

9° Parce que le choc des intérêts politiques, dans le sens restreint de ce mot, obscurcit dans la poussière d'une mêlée furieuse toute la moralité de la révolution.

10° Parce que l'homme est avant tout un être intelligent et qu'il faut d'abord parler à ses instincts généreux, pour cultiver en lui le dévoûment social.

11° Parce que les têtes peuvent bien se briser les unes contre les autres dans un heurt violent, ou se laisser trancher par le fer; mais qu'elles ne s'inclinent docilement que devant la lumière supérieure d'une conviction noble et d'une irrésistible vérité.

12° Parce que borner son enseignement à la discussion des intérêts matériellement politiques, c'est vouloir se condamner à garder le silence, du jour où il prend fantaisie au pouvoir de clore ce terrain de disputes et de fermer la lice à ses contretenans. Dans ce cas, la parole seule du gouvernement et celle des partis hostiles à la révolution sont prêchées au peuple, sans qu'aucune voix puisse s'élever, franche et libre, pour les démentir.

13° Parce que l'amende et la prison sont des argumens capables de déconcerter les polémistes les plus habiles du monde, et que nos écrivailleurs de l'Opposition ne sont rien moins que profonds, rien moins qu'habiles. Leur fatuité se refuse à le croire, mais chacun le sait et le dit pour eux.

14° Parce que le gouvernement a trente-six mille moyens de séduire et de capter l'opinion par des raisons spécieuses, proclamées jusque dans les carrefours, à son de trompe, avec clameur de haro, tandis qu'il répond aux récalcitrans avec la logique du sergent de ville et la rhétorique des gourdins.

15° Parce que les journaux de l'Opposition révolutionnaire étant les moins nombreux et les plus pauvres, sont aux journaux du pouvoir et des partis ennemis comme un est à cinq. Ils seraient cinq contre un qu'ils ne feraient pas de meilleure besogne, étant aussi misérables de pensée que de style, vrai symbole de l'homme du peuple qui n'a point d'armes et se couvre de haillons.

16° Parce que n'ayant point de doctrine politique, les journaux de l'Opposition révolutionnaire se neutralisent les uns les autres, et ne peuvent faire de propagande efficace.

17° Parce que l'auditeur, le lecteur et surtout l'abonné du journal sont parfaitement édifiés sur toutes les questions qui touchent à leurs intérêts, et que la prédication officieuse du missionnaire politique leur est parfaitement inutile sous ce rapport et sous beaucoup d'autres.

18° Parce que le journaliste puise dans un sac mille fois retourné la poudre qu'il brûle dans la petite guerre de la polémique quotidienne ; et que sa feuille morte produit le même effet que le contact de la torpille sur le lecteur souvent plus instruit, toujours plus désintéressé, plus dévoué que le folliculaire ; et surtout plus disposé, suivant l'occurrence, à descendre sur la place publique, armé du glaive ou du mousquet.

19° Parce que le journaliste, servant humblement sa clientelle et obéissant au mouvement extérieur de l'opinion, fait exactement l'effet d'un écolier qui prêcherait son maître ou qui répondrait à tout hasard aux questions d'un catéchisme social vaguement formulé dans l'esprit des masses. De là, pour nos missionnaires politiques, un rôle absurde, une physionomie de maître-écolier, prétentieuse et risible dans sa dualité.

20° Parce que tout rédacteur apportant de son côté le misérable contingent de ses articles, le journal devient un pandémonium multicolore et bigarré, composé de lambeaux recousus, de loques et de chiffons ramassés comme il plaît à Dieu, un peu par ci, un peu par là.

21° Parce que le journal, soit ignorance, soit résultat mystérieux d'une collaboration perfide et traîtresse, émet fréquemment, sans avoir l'air de s'en douter le moins du monde, une foule d'hérésies et d'idées essentiellement destructives de son but politique : ce que je me fais fort de prouver, avec citations et commentaires, au premier journal d'Opposition venu qui m'en portera le défi.

22° Parce qu'en retranchant à nos trois ou quatre journaux d'Opposition le remplissage qui leur est commun avec toutes les autres feuilles quotidiennes, leur polémique d'arrière-garde, leur petite guerre de buissons, à laquelle ils restreignent tout leur enseignement politique, sur un petit nombre d'abonnés convaincus, cette polémique divergente et contradictoire ne fournit par an, tout au plus que la matière de vingt volumes in-octavo, tandis que le reste de la presse et de la librairie met en circulation annuellement plus de cent mille volumes, où il ne se trouve pas une page qui ne tende plus ou moins directement au discrédit des idées révolutionnaires.

23° Parce qu'en réfléchissant à cet état de choses, il est aisé de comprendre avec quelle facilité le premier boulet tiré par un artilleur dans une émeute, traverse tout le camp révolutionnaire en ricochets et ne se laisse point arrêter par une feuille sortie encore humide de dessous presse; faible toile d'araignée que le projectile brûlant arrache de nos mains.

24° Parce que tout journaliste de l'Opposition n'est que l'envoyé d'un actionnaire ou d'un ambitieux politique; un prédicateur sans mission qui n'a reçu ni l'instruction diocésaine, ni les ordres sacerdotaux.

25° Parce que le gazetier ne reconnaît ni évêque, ni cardinal, ni chef supérieur, ni évangile suprême; et que son bavardage sans autorité, jeté au vent des carrefours, n'aura le pouvoir de grouper un petit nombre d'auditeurs complaisans, qu'à la condition d'être accompagné d'une poitrine forte et sonore, d'un débit séduisant et prestigieux, phénomène rare dans notre presse.

26° Parce que le gazetier bénévole ressemble, dans l'exercice de son métier, au troubadour du coin de la borne, qui chante une romance en s'accompagnant de la guitare, après avoir posé son chapeau par terre sur un mouchoir. Le virtuose en plein vent court grand risque d'être hué ou sifflé. Le mieux qu'il puisse espérer, c'est qu'un abonné médiocrement satisfait lui jette un sou pour aumône; les autres passans lui tourneront le dos, en disant pour tout éloge : — Vraiment, il chante bien, il ne râcle pas trop mal. La plupart même ne diront rien et s'en iront à leurs plaisirs ou à leurs affaires. Et ce sera tout.

27° Parce que la plus belle destinée qu'un journaliste puisse rêver, quand il n'aspire pas à donner des audiences de boudoir, soit comme chef de division d'un ministère, soit comme ministre, c'est d'éclabousser les passans avec un méchant cabriolet; c'est de pouvoir s'épanouir après dîner sous les œillades des dames, dans une avant-scène d'Opéra; tandis que le plus petit curé du plus pauvre hameau de France, monte à l'autel ou en chaire, tout reluisant d'or, avale l'encens destiné au Dieu suprême et voit se prosterner devant lui les populations.

28° Parce que le gouvernement n'aurait qu'à vouloir pour accaparer tous les journaux de France ou pour les ruiner par des combinaisons fiscales habilement préparées; comme tout ce qui émane d'un pouvoir machiavélique; mais provisoirement il s'en gardera bien. Le lit dans lequel roule aujourd'hui le torrent révolutionnaire ne laisse arriver sur le gouvernement qu'une folle écume; le surplus de l'onde captive fertilise ses moissons dorées. L'opposition que l'on fait contre lui à la Chambre et dans les journaux quotidiens, est telle qu'il la doterait richement et avec mystère plutôt que de la voir s'éteindre, et qu'il l'aurait infailliblement inventée, si elle n'existait point. Ce fantôme d'Opposition sert à persuader au bon peuple de France que ses intérêts sociaux sont parfaitement représentés, sa cause on ne peut mieux défendue ; d'où il conclut que si la marche rétrograde des événemens politiques tire incessamment par la queue l'écrevisse révolutionnaire, il n'y a de la faute de personne ; il n'y a d'autre remède à cette tendance fatale qu'une résignation philosophique aux volontés du Destin. Persuasion décourageante qui a produit la léthargie incurable de la conscience publique et le scepticisme le plus invétéré.....

Les parce que ne finiraient point de sitôt, si je voulais tout dire , Monsieur ; l'addition totale de mes numéros d'ordre nous donnerait un chiffre très gros, pour estimer au juste la valeur négative de la gazetaille de l'Opposition. Que serait-ce donc, grand Dieu, si nous prenions les doctrines et les idées de tel journal en particulier ; si nous les ramenions au pied de l'arbre immortel de la vraie science , comme le boa constrictor fait de sa proie, pour lui briser ses os fragiles et les broyer en moulinet !

Dirai-je, pour en finir, que tel journaliste, cachant derrière le masque plébéien une face de cuistre et de doctrinaire, ressemble à ces oiseaux que l'on engraisse dans un lieu obscur et que l'on place en guise d'appeaux pour attirer dans les filets de l'oiseleur d'autres volatiles, par la rotation d'un miroir éblouissant ? Dirai-je que tel journal, supposé démocrate, a fait pendant plus d'un an la plus fervente opposition, afin de se ménager la faculté de faire un appel entraînant à la garde nationale, et de lui faire prendre les armes dans un moment décisif, en appelant brigands, un soir d'avril, les mêmes hommes qu'on avait proclamés héros une nuit de juillet ? Écoutez un récit : Le rappel battait dans tous les carrefours de Paris, la nuit vint. L'armée du roi, infanterie et cavalerie, campait dans la cité. La garde nationale bivouaquait sur les boulevards ; les viandes rôtissaient en plein air, les vins circulaient à la ronde, et des charrettes garnies de paille apportaient dans des tonneaux cachés les boissons spiritueuses qui contribuaient à troubler l'imagination du soldat, avec l'anxiété d'une longue veille et l'image exagérée d'un péril en grande partie chimérique. L'artillerie et les canons avaient roulé le long des boulevards , semblables aux dragons écaillés venus du Nord, dans la vision de Zoroastre ; ils s'étaient endormis pour se réveiller à la première aube du jour et vomir les flammes et la mort. Pourquoi tous ces apprêts sinistres ? Trois cents prolétaires, retranchés dans quelques rues étroites, s'étaient dit : « On a promis la bataille au nom du peuple, et la bataille aura lieu. Ils sont quarante mille, et nous périrons tous ; mais qu'importe ? Le principe révolutionnaire sera glorifié, l'honneur du peuple ne périra pas. » Alors un gouvernement généreux, disposant d'une force immense en présence d'une poignée de combattans, aurait pris quelques mesures pour empêcher l'effusion du sang. C'eût été chose bien facile, et pas un seul pavé n'aurait été remué. Mais les voix sorties de la forteresse du pouvoir avaient dit par les créneaux : « Soyez impitoyables ! Laissez-les faire jusqu'au matin. Il faut en finir par un exemple terrible ! » Retracer le spectacle dont fut témoin l'aube du jour, serait trop ; je recule devant cette tâche. La destruction était consommée, quand le vieux soleil de juillet se leva, couvert d'un voile funèbre, sur la grande cité. Je puis néanmoins me faire l'historien de quelques détails. Le jour venait de poindre, un enfant de quatorze ans, ayant pour toute arme un fer de pique rouillé placé au bout d'un bâton, et entouré d'une jarretière de crêpe noir, montait la garde à l'entrée d'une rue étroite et sombre. C'était une sentinelle de la révolution. L'ami du peuple, qui n'est pas voyant pour rien, l'aborda. « Que fais-tu donc ici, jeune fou ? — Je défends la patrie, répondit le petit prolétaire avec exaltation. — Sauve-toi bien vite, enfant ; la soldatesque est ivre, elle apprête ses armes, elle va venir, la voilà, fuis ! — Jamais ! mon père est là-dedans. — Alors, va-t-en, et meurs à son côté. » L'enfant partit comme un éclair. La fusillade commençait, l'ami du peuple mit une muraille entre la mort et lui ; il ne se servit point de ses armes, mais il ne les quitta point. Nul mieux que lui ne comprenait la folie de cette lutte. Il ne pouvait rien pour l'empêcher. J'ai dit le commencement, je dirai la fin. Quand la barricade fut enlevée, cent prétoriens, plus robustes, plus grands et mieux armés que les Normands de la conquête, ou que les gardes de Clovis, foulèrent aux pieds trois cadavres. Là se trouvaient le père et l'enfant. Bientôt les triomphateurs sortirent de la rue étroite ; l'un d'eux portait sur son épaule, en guise de trophée, le frêle bâton et le fer de pique au crêpe noir, qui certes faisaient un singulier contraste avec une forêt de baïonnettes reluisantes et de sabres bien affilés. Je ne pus m'empêcher de voir dans cette arme improvisée le symbole frappant de la faiblesse du pauvre peuple sacrifié par tous, abandonné de tous. Quant au prétorien, il porte aujourd'hui la croix des braves ; c'est sûr ! Il était donc un brigand, l'adolescent qui reçut la mort à côté de son père ? Sophiste de l'ancien *Messager*, oserais-tu répéter ce mot-là devant moi ? Fais-toi connaître. Dis ton nom. Mais pourquoi chercher aujourd'hui le reptile doctrinaire ? N'est-il pas ventriloque et semblable au crapaud qui chante la nuit sous un banc de rocher ? semblable au crapaud dont la voix monotone se fait entendre dans tous les points d'un grand rayon, mais jamais à l'endroit même où l'être immonde est tapi ?

Grâce au ciel, j'en ai fini avec les récriminations irritantes et les souvenirs douloureux. Les morts sont morts, pensons aux vivans; je dois à tous la vérité. Ma plume ne flattera jamais qui que ce soit au monde; plutôt la briser mille fois. Je crois avoir fait assez largement la véritable part des circonstances et des hommes, faisons en dernier lieu celle des principes. La discussion s'élève et s'agrandit. Mais à quoi bon parler de principes? L'Opposition n'en a point; elle prend même souvent les faits pour des idées, comme cela est arrivé aux auteurs de la fameuse déclaration des Droits de l'Homme. Prenant la France révolutionnaire pour élément d'organisation sociale, nous ne voulons la modeler ni sur un type grec-romain polythéique, ni sur un type latin mystico-chrétien. La démagogie superstitieuse des Anciens nouslaisserait en proie, comme jadis les Grecs, aux Huns de Philippe et d'Alexandre, en attendant de nouveaux Barbares. L'oligarchie romaine nous conduirait de Tarquin à César, de César à Odoacre, en passant par Claude, Néron et Caligula. J'ai prouvé précédemment et ailleurs que la république chantée par l'abbé de La Mennais ne serait autre chose, au fond et dans la forme, que le Pape et l'église latine-catholique. Les États-Unis d'Amérique et les républiques du Sud, avec un millier de sectes plus ridicules les unes que les autres, finiront par tomber dans le même giron, ou dans le cercle vicieux que je trace à l'aide de ces quatre noms politiques : Charlemagne, Louis XIV, Marat, Napoléon. Donneronsnous toujours aux ennemis de la révolution l'avantage de la comparer au scorpion, qui, resserré dans un cercle de feu, meurt en se piquant luimême? Restent, comme types de société, les Brames indous, la grande idole japonaise, le tartare et céleste empire chinois, le Lama du Thibet, le Czar et les Archimandrites; enfin nos trente journaux. En dehors, je ne vois guère plus parmi nous que des coteries éphémères, dont la plupart, instrumens pervertis ou dupes trop faciles de quelque ancien parti politique ou religieux, viennent compromettre le progrès de la révolution par des contre-marches souterraines et tortueuses. De ce nombre fut la secte Saint-Simonienne, à propos de laquelle nous allons nous donner le plaisir de confondre, à la face du soleil, les vieux nigauds soi-disant politiques de nos gazettes libérales. Et toi aussi, grand Lherminier, sophiste creux, penseur étroit, écrivain lourd; toi, l'Alexandre des bavards clinquans; toi que l'on a vu saluer, sur le tréteau Saint-Simonien, la vierge de l'Église orientale grecque, que tu prenais pour la liberté! Ta parole n'a que trop long-temps égaré la jeunesse française, et tu n'as que trop contribué à prolonger l'étrange mystification que les meneurs cachés du Saint-Simonisme ont fait subir au plus spirituel et au plus civilisateur des peuples, au peuple français du dix-neuvième siècle! Je n'ignore point que je

vais attiser contre moi des ressentimens cuisans ; je vais imiter ces enfans
qui ne craignent point d'aller irriter avec une baguette la vipère sous un
buisson, au risque de la faire sortir en furie, et de recevoir de la bouche
envenimée du reptile une de ces cruelles morsures dont on ne guérit point.
Ce péril trop réel m'a toujours trouvé fort insouciant. En attendant que je
puisse compléter mes petites révélations sur la *Propagande russe à Paris*,
je vais vous apprendre ainsi qu'au lecteur, Monsieur, ce qu'était la
secte religieuse qui a résurgi des cendres du marquis de Saint-Simon. Nul
n'ignore que les mémoires de ce hobereau furent écrits en Moscovie, sous
l'influence d'une inspiration hostile aux nationalités de la France catholique et du Midi. L'école Saint-Simonienne se rattache ainsi d'une part à la
synthèse orientale russe, et de l'autre à la doctrine des anciens Fratichèles.
Comme Fratichèles, les Saint-Simoniens n'auraient pas manqué de relâ-
cher tous les liens sociaux, pour faire de la nationalité française la proie
facile des Barbares : comme sectaires religieux, toutes leurs théories ap-
partiennent à la synthèse russe, notamment leurs théories historiques ;
leur mystagogie sur la Trinité, la Vierge et les principaux dogmes du
christianisme était celle des hérésiarques de l'Église grecque : ils lui don-
naient le nom de Catholicisme réformé. Leur système de l'organisation du
travail constituait le servage industriel, sur des bases aussi vieilles que les
Brames indous et les prêtres de l'Égypte : servage dont l'empire russe présente, dans quelques-unes de ses parties, la triste réalisation. Le père Enfantin n'était, dans toute cette affaire, qu'un Autocrate postiche, un Grand-
Lama provisoire, un prête-nom complaisant. La mascarade Saint-Simonienne, dans la pensée des meneurs qui possédaient le secret politique de
la secte et une mine de roubles d'or, n'avait d'autre but que préparer l'a-
vénement d'un autocrate plus réel. La nouvelle église ouvrait déjà des con-
ciles dans toutes les provinces de la France ; elle exaltait les sympathies
d'une jeunesse abusée, et menaçait d'aller loin, grâce à l'aveuglement de
nos gazetiers libéraux et démocrates, tels que Carrel, Marrast, Chatelain,
et *tutti quanti*. Le cabinet des Tuileries, employant à propos la menace et
la corruption, gagna quelques-uns des bons apôtres Saint-Simoniens, avec
l'appât des journaux salariés ; il obligea les autres à faire des voyages en
Orient, sous le prétexte d'aller y chercher la femme libre, mais en réalité
pour se faire pensionner à Constantinople par la cassette du Czar Nicolas.
Et maintenant que les scribes du journalisme écarquillent et ouvrent leurs
plus grands yeux, la voix d'airain, dont les éclats retentiront plus d'une
fois encore dans l'Occident, leur dira ce qu'ils ont ignoré pendant sept
ans : savoir que les Saint-Simoniens prêchaient à Paris , le lendemain de
l'insurrection de Juillet, au nom du père Enfantin, le catéchisme du Czar

pontife et de l'autocrate-Dieu, Nicolas de Russie, sans autre précaution que de couvrir d'un masque grossier de républicanisme le visage des Kalmouks, dont ils avaient adopté le costume, aux fourrures près; le bonnet, le paltot, le pantalon large, rien n'y manquait.

Dans la mêlée politique occidentale, cette stupidité profonde, cet aveuglement et cette ignorance devenus chroniques dans notre parti, l'ont conduit, après des crises pénibles, à l'agonie misérable qui le tient gisant. Aussi pouvons-nous dire, en toute humilité, nous tous hommes d'Opposition et de Révolution, que le mouvement social de 89 s'est arrêté court avec Marat, au bord d'un abîme. Depuis le meurtre de ce tribun, toutes les oscillations sociales, et nous en avons eu de terribles, nous ont entraînés plus loin, chaque fois, dans les voies du passé : la Restauration plus que l'Empire, et Juillet plus que la Restauration. Ce dernier point ne sera pas contesté par les écrivains qui soutiennent avec toute apparence de vérité, qu'en fait d'arbitraire réel, les Bourbons de la branche aînée ont été dépassés de beaucoup par les Valois d'Orléans.

Je m'arrête ici, Monsieur; je crois en avoir assez dit. J'aurais pu développer davantage ma pensée; j'aurais pu formuler en détail le programme social et politique qui seul aura le pouvoir d'opérer en France, avec promptitude et succès, une véritable transfiguration révolutionnaire. J'ai cru mieux faire de résister, quant à présent, à cette tentation séduisante. Malheur à l'écrivain trop candide qui se hâte de révéler ingénument toute la vérité pour l'exposer aux coups perfides de ses nombreux ennemis ! Malheur à l'imprudent qui se hâte d'appeler les artisans du mensonge pour leur indiquer la source limpide que lui seul connaît ! Toutes les fois qu'un écrivain loyal et consciencieux met en lumière une vérité dont la démonstration se rattache à la science ou à l'histoire, les partis qui ont intérêt à étouffer la clarté naissante se donnent le signal de tous les points de l'horizon, et s'empressent, à qui mieux mieux, de l'obscurcir. Si l'ami de la vérité marche seul, comme cela arrive d'ordinaire, et qu'appuyé sur sa conviction il attende le jour d'une justice tardive, ses adversaires ligués ont beau jeu contre lui. Des publications sans nombre pleuvent sur le bon peuple des lecteurs qui ne sait de rien; on l'étourdit par des annonces fastueuses, on lui jette à la face des noms en crédit; le mensonge se propage, le préjugé s'établit et s'enracine, l'homme véridique est insidieusement circonvenu. Qu'animé d'un noble enthousiasme, il se lève le front haut et serein, et tâche de se faire entendre, nul ne daigne l'écouter. Les esprits sont prévenus, dirigés, impressionnés; la discussion est épuisée ; on lui reproche de venir mal-à-propos et trop tard; on lui oppose des célébrités qu'il n'oserait taxer de charlatanisme ou d'imposture, de peur d'ameuter contre lui, non-seulement les partis qui les soutiennent, mais encore les badauds qui s'en sont faits les croyans. Il ne lui reste donc plus qu'à se taire et à se retirer; tandis que les mille échos de la presse redisent encore, comme oracles de science et de bonne foi, les mensonges calculés dont le rètentissement a couvert sa voix solitaire. S'il persiste, on ne manque point de le peindre comme un esprit dangereux auquel on ne doit répondre que par le silence. Son jugement est rendu à huis clos dans le conciliabule des sophistes; l'arrêt s'exécute mystérieusement, à la manière des inquisiteurs. Un beau matin, l'écrivain supérieur se trouve, sans savoir comme, au ban de la publicité. On évite de prononcer son nom, on ne le cite qu'en le défigurant, comme ces statues que la main de la haine envieuse mutile au visage dans l'ombre de la nuit. Alors, si le Juste n'est point un homme fort et puissant, capable de renverser tous les obstacles et de se placer lui-même aux premiers rangs devant le siècle, il lui deviendra impossible de briser le réseau de sophismes et de mensonges dont il aura été enveloppé. Il aura le sort du moucheron que l'araignée enlace dans ses fils et qu'elle entraîne dans son trou, pour lui sucer le sang et le dévorer à son aise. Déjà le cercle n'est-il point tracé autour de moi? Déjà ne vois-je pas les hideux insectes tendre leurs filets, aiguiser leurs dards, et me menacer de leurs griffes envenimées? Arrière, mes vampires! J'ai la serre tranchante, le bec cruel, l'aile forte et rapide, je suis aiglon!

Je vous demande pardon, Monsieur, ainsi qu'au lecteur, de terminer cette lettre, que vous aurez trouvée déjà trop longue, par un mouvement d'orgueil personnel. Mais dans cette société où rien n'est bien, où nous aspirons à mettre chacun et chaque chose à sa place, il doit m'être permis de marquer la mienne. La mission qui m'est échue est celle de conduire mes frères dans les voies de la lumière et de la liberté. Je succomberai probablement de faiblesse et de lassitude; mais la France verrait bientôt changer ses destinées, si chacun faisait son devoir comme j'accomplirai le mien, sans me laisser rebuter par les dégoûts sans nombre et par la ciguë dont on ne peut manquer d'être abreuvé lorsque en face des tyrans, des sophistes et des prêtres on ose être démocrate et s'appeler *Le Voyant*. Une seule conviction ravive mon espoir. Il existe dans le cercle de la vie humanitaire des âges ténébreux durant lesquels la raison se déprave, tandis que les langues, confuses comme dans *Babel*, expriment les visions trompeuses et les folles divagations de l'erreur. Mais quand le soleil de la civilisation se lève géant et brille avec force, rien ne saurait arrêter son illumination magique; ses chaleureux rayons inondent l'édifice social, et frappent les intelligences avec la rapidité de l'éclair et le sillonnement de la foudre. La pensée divine, éthérée, revêt alors ses formes les plus prestigieuses, ses in-

carnations artistiques les plus belles. C'est elle que les mythes de la poésie
ancienne nous peignent sous l'emblème d'une vierge dont le sein chaste a
conçu le *Christ*; c'est elle qui déploie aujourd'hui sur la France son manteau d'azur. Le mauvais génie a beau retarder sa défaite; il sera contraint
de replier le pavillon ténébreux qui lui sert de tente, et de fuir jusqu'aux
Enfers. La vérité céleste, incarnée dans le verbe intelligent, est comme
le rayon solaire concentré dans le cristal; c'est un dard enflammé qui pé-
nètre et consume tout.

*Augustin CHAHO (de Navarre).

IMP. DE D'URTUBIE ET WORMS, rue St-Pierre-Montmartre, 17.

LETTRE

A MONSIEUR JACQUES LAFFITTE

Sous Presse:

UN DEMI CENT D'ÉPINGLES DE PARIS,

Épigrammes,

PAR A. C. de N***.

PAROLES D'UN VOYANT. —Seconde édition, revue et augmentée.

Paris. — Imp. de P. BAUDOUIN, rue Mignon, 2.

DE

 L'AGONIE

DU

PARTI RÉVOLUTIONNAIRE EN FRANCE.

Lettre à Monsieur Jacques Laffitte,

PAR AUGUSTIN CHAHO,

Auteur des *Paroles d'un Voyant.* — De la *Philosophie des Révélations.*
— Du *Voyage en Navarre pendant l'Insurrection des Basques.* — De
la *Propagande russe à Paris*; et de divers Essais de haute Philologie
et de Cosmogonie philosophique.

SECONDE ÉDITION.

A PARIS.

CHEZ Mme GOULLET, LIBRAIRE,

Palais-Royal, Galérie d'Orléans, 7.

AU DÉPOT. — Rue de Seine-Saint-Germain, 6 bis.

—

1838.

ERRATA.

Page 3 , ligne 9, au lieu de *illustres* , lisez : *illustrés.*

— 6, ligne 9, au lieu de *grand fleuve* en 1830, lisez : *grand fleuve débordé en 1830.*

— 7 , ligne 9, au lieu de *Agricola* , lisez : *Agrippa.*

— 16, ligne 27, au lieu de *moindre bruit*, lisez : *moindre fruit.*

— 17, ligne 25, au lieu de *que naître*, lisez : *que de naître*

— 20, ligne 14, au lieu de *nos amis les alliés*, lisez : *nos ennemis les alliés.*

— 21, ligne 24 , au lieu de *l'âne de fable*, lisez : *l'âne de la fable.*

— 24, ligne 31, au lieu de *nul de ce siècle*, lisez : *nul dans ce siècle.*

— 29, ligne 3 , au lieu de *catholique* , lisez : *catholicisme.*

— 46, ligne 4, lisez : *contre de tels hommes.*

— 46, ligne 15, au lieu de *cinq cent mille fois*, lisez : *cinq fois.*

— 46, ligne 23, au lieu de *banquet*, lisez : *baquet.*

— 47, ligne 34, au lieu de *session*, lisez : *scission.*

— 48, ligne 22 , au lieu de *inclination*, lisez : *indignation.*

— 49, ligne 35 , au lieu de *imprévues*, lisez : *prévues.*

— 57, ligne 10, au lieu de *reconnaît le symbole*, lisez : *ne reconnaît point de symbole.*

— 57, ligne 23, au lieu de *et la presse*, lisez : *et à la presse.*

— 63, ligne 33, au lieu de *servit*, lisez : *se servit.*

— 64, ligne 10, au lieu de *sophiste dit*, lisez : *sophiste de.*

— 64, ligne 19, au lieu de *flatte* , lisez . *flattera.*

— 64, ligne 31 , au lieu de *passant Claude*, lisez : *passant par Claude.*

— 65, ligne 21, au lieu de *attirer*, lisez : *attiser.*

www.ingramcontent.com/pod-product-compliance
Lightning Source LLC
Chambersburg PA
CBHW061303060726
47596CB00002B/729